바닷물로
줄다리기를
한다고요?

할아버지가 들려주는 생활 속 과학 이야기
바닷물로 줄다리기를 한다고요?

초판 2쇄 발행일 2024년 5월 23일
초판 1쇄 발행일 2023년 11월 17일

지은이 장순근
펴낸이 이원중

펴낸곳 지성사 **출판등록일** 1993년 12월 9일 **등록번호** 제10-916호
주소 (03458) 서울시 은평구 진흥로 68, 2층
전화 (02) 335-5494 **팩스** (02) 335-5496
홈페이지 www.jisungsa.co.kr **이메일** jisungsa@hanmail.net

© 장순근, 2023

ISBN 978-89-7889-540-8 (73400)

잘못된 책은 바꾸어드립니다. 책값은 뒤표지에 있습니다.

할아버지가 들려주는
생활 속 과학 이야기

바닷물로 줄다리기를 한다고요?

장순근 지음

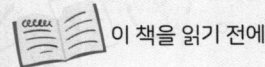 이 책을 읽기 전에

우리를 둘러싼 생활 속 과학

　우리의 일상은 과학과 밀접한 관계를 맺고 있습니다. 과학 없이는 생활 전반이 유지되지 않는다 해도 과언이 아니겠지요? 전기가 있어 어두운 밤길을 밝힐 수 있고, 텔레비전을 볼 수 있습니다. 스마트폰 기술로 멀리 떨어진 가족과 이야기할 수 있고, 냉장고 덕분에 더운 여름에도 음식이 상하지 않지요. 에어컨이나 온풍기는 어떤가요? 더울 땐 시원하게, 추울 땐 따뜻하게 온도를 유지해 주어 더욱 편리하게 살 수 있도록 돕습니다.

　주인공 민희와 할아버지는 이야기를 주고받으며 생활 속에서 자연스럽게 발견할 수 있는 과학 상식들을 익힙니다. 궁금한 것도 많고 호기심도 많은 민희는 할아버지에게 이것저것 묻고, 할아버지는 과학과 실생활을 조화롭게 연결하여 민희의 호기심을 채워 주지요.

이 책은 동물과 시간, 날씨와 바다, 생활 속 물리현상과 에너지, 산업 혁명을 대하는 우리의 자세까지 다루고 있습니다. 여러분은 집에서부터 공원, 동물원을 거쳐 제주도까지 일상 속 다양한 곳에 숨어 있는 과학 상식을 찾는 여정에 함께할 수 있어요. 이 책을 읽는 동안 단순한 지식 습득을 넘어 여러분을 둘러싼 모든 것에 관심을 기울이며 호기심을 갖고 바라보는 눈을 기르길 바랍니다.

　아울러 이 책을 낼 수 있도록 지원을 아끼지 않은 지성사에 깊은 감사를 표합니다. 그들의 노력이 없었다면 이 책은 여러분 앞에 놓이지 못했을 것입니다.

장순근

이 책을 읽기 전에 • 4

1부 동물원에서

코끼리는 코를 어떻게 손처럼 움직여요? • 12
페넥여우의 귀는 왜 그렇게 커요? • 15
귀여운 몽구스가 무서운 독사와 싸운다고요? • 17
초식동물과 육식동물은 어떤 점이 달라요? • 19
　민희의 정리 노트_ 초식동물과 육식동물의 차이
초식동물의 소화를 도와주는 균이 있다고요? • 22
대자연에서 살아남으려면 어떻게 해요? • 23
　할아버지의 편지_ 대자연과 야생동물
암수 구별이 어려운 새가 있다고요? • 27
추울 때 말고 더울 때 자는 동물이 있어요? • 29
　할아버지의 편지_ 함께 협력하는 생태계
손을 씻을 때 꼭 비누를 써야 하나요? • 31
새의 조상은 공룡일까요? • 33
탄산음료는 왜 몸에 좋지 않아요? • 35
위도와 경도는 어떻게 위치를 나타내요? • 36
본초 자오선과 시간은 무슨 사이예요? • 39
시간이 다르면 불편하지 않나요? • 42
계절이 바뀌는 이유는 뭐예요? • 44
남반구에서는 태양이 가장 높이 뜨는 방향이 반대라고요? • 45
　할아버지의 편지_ 지구가 자전을 멈춘다면

2부 산에서

등산이 힘든 이유가 지구 때문이라고요? • 50
　　　할아버지의 편지_ 사과와 만유인력
구름은 왜 생기는 거예요? • 52
태풍에 눈이 있다고요? • 54
태풍의 절반은 위험하고, 절반은 덜 위험하다고요? • 56
　　　민희의 정리 노트_ 무역풍과 편서풍
올 때 갈 때, 비행시간이 다르다고요? • 59
　　　할아버지의 편지_ 커다란 자석, 지구
오로라를 보러 여행을 간다고요? • 61
비행기 안 기압이 낮아서 더 피곤하다고요? • 63
화장실에서 비행의 원리를 찾을 수 있다고요? • 65
　　　할아버지의 편지_ 비열과 계절풍
제주도 바다는 따뜻하다고요? • 68
바닷물이 계속 증발해도 더 짜게 변하지 않는다고요? • 69
　　　민희의 정리 노트_ 바닷물의 염분과 사해
바다마다 염분의 구성비가 같다고요? • 72
바다가 아주 바쁘게 움직인다고요? • 73
지구, 달, 태양이 바닷물로 줄다리기를 한다고요? • 75
용암이 식어서 한라산이 만들어졌다고요? • 77
　　　할아버지의 편지_ 일식과 월식

3부 집에서

산성 물질 때문에 충치가 생긴다고요? • 82
잘 먹는 일이 왜 중요해요? • 84
바뀐 환경에 적응하지 못하면 • 86
    할아버지의 편지_ 환경에 적응한 물고기
공기가 열을 차단한다고요? • 88
저체온증이 그렇게 위험한가요? • 90
    민희의 정리 노트_ 피부와 수분
물질마다 열을 뺏고 뺏기는 정도가 다르다고요? • 92
    민희의 정리 노트_ 열전도율
물질이 열을 받으면 늘어난다고요? • 94
멈춰도 계속 움직이려 하는 성질이 있다고요? • 96
    민희의 정리 노트_ 원심력과 구심력
체급을 나누는 이유가 있나요? • 98
얼음이 아니라 물 위를 미끄러지는 거라고요? • 100
밝은 곳에서도 눈이 피곤해진다고요? • 101
    민희의 정리 노트_ 눈을 해치는 블루 라이트
번개 때문에 땅이 녹는다고요? • 103

4부 공원에서

개의 조상이 늑대라고요? • 106
강아지가 사람을 좋아하는 이유가 유전자 때문이라고요? • 107
    할아버지의 편지_ 사람을 구한 개
DNA 속에 우리 몸의 정보가 들어 있다고요? • 110
    할아버지의 편지_ 고양이는 언제부터 사람과 함께 살았을까?
물이 바위를 깬다고요? • 113
    민희의 정리 노트_ 바위의 풍화

바위가 녹아서 석회 동굴이 된다고요? • 115
물과 얼음이 땅을 깎아 골짜기를 만든다고요? • 117
　　　민희의 정리 노트_ 빙하가 만든 호수, 빙식호
땅이 얼음으로 덮인 적이 있다고요? • 120
화석이 지층의 나이를 알려 준다고요? • 122
화석이 어떻게 연료가 되나요? • 125
　　　민희의 정리 노트_ 석탄과 석유
단단하게 굳은 바위층에서 연료를 얻는다고요? • 127
　　　할아버지의 편지_ 석유의 미래
전기를 만드는 방법이 다양하다고요? • 130
옷과 신발, 걸레, 휴지도 방사성 폐기물이라고요? • 132
우리나라 원자력 발전 기술이 최고라고요? • 133
미래를 책임질 발전 방법이 있다고요? • 135

5부 음식점에서

생태계 평형이 뭐예요? • 140
유전자를 조작한 식품이 있다고요? • 142
휠체어가 점점 사라질 거라고요? • 144
모든 종류의 세포로 발전할 수 있는 만능 세포가 있다고요? • 146
프린터기로 손과 발을 만든다고요? • 147
　　　할아버지의 편지_ 인공지능 로봇과 일자리
인터넷으로 모든 사물을 연결한다고요? • 149
눈에 보이지 않는 기술이 산업 혁명을 이끈다고요? • 151
기술을 사용하는 사람이 중요하다고요? • 153
　　　할아버지의 편지_ 염소젖과 방탄복

찾아보기 • 156
사진 출처 • 159

코끼리는 코를 어떻게 손처럼 움직여요?

💬 "할아버지, 코끼리 좀 보세요! 코가 정말 길어요!"

민희는 어린이날을 맞아 할아버지와 함께 동물원에 놀러 왔어요. 날씨도 좋고 공기도 맑아서 기분이 정말 좋았지요. 동물원에 들어서자 가장 먼저 민희를 반겨 준 동물은 코끼리였어요.

💬 "저렇게 긴 코를 잘도 움직이네요. 가늘고 긴 통처럼 생겼는데……."

💬 "코끼리는 긴 코를 손처럼 쓴단다."

💬 "손처럼 쓴다고요? 어떻게요? 사람처럼 손가락이 있는 것도 아니잖아요."

💬 "코에 근육이 수만 개나 있거든. 그래서 사람 손처럼 자유롭게 움직여서 나뭇가지를 당기거나 물을 뿌리고, 물건을 옮길 수 있어."

그때 엄마 코끼리가 긴 코로 새끼 코끼리에게 물을 뿌려 주었어요.

💬 "와, 시원하겠다! 그런데 만약 코가 짧았다면 정말 불편했겠어요."

💬 "맞아, 코끼리는 몸집이 크고 무거운 네발 동물이니 코가 짧았다면 살기 힘들었을 거야. 그래도 기다란 코 덕분에 문제없이 산단다."

💬 "할아버지, 코끼리는 포유동물인데 왜 털이 거의 없어요? 겨울에 추울 것 같은데……."

💬 "코끼리의 먼 조상 중에는 추운 곳에서 살던 종도 있었단다. 그 코끼리들은 털이 풍성했겠지? 하지만 지금은 대부분 더운 곳에 살면서 털이 거의 없어지고 머리에만 조금 남았어. 잘 보면 머리에 있는 털이 보일 게다."

💬 "얼마 없는 머리털마저 빠지면 안 되겠네요."

민희가 머리를 만지며 웃었어요.

💬 "할아버지, 길고 큰 뿔처럼 생긴 것은 어금니지요?"

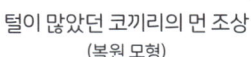
털이 많았던 코끼리의 먼 조상 (복원 모형)

💬 "어금니? 상아 말이구나. 안타깝지만 상아는 어금니가 아니라 앞니란다."

💬 "앞니요?"

💬 "그래. 앞니."

💬 지금까지 당연히 어금니라고 생각했어요.

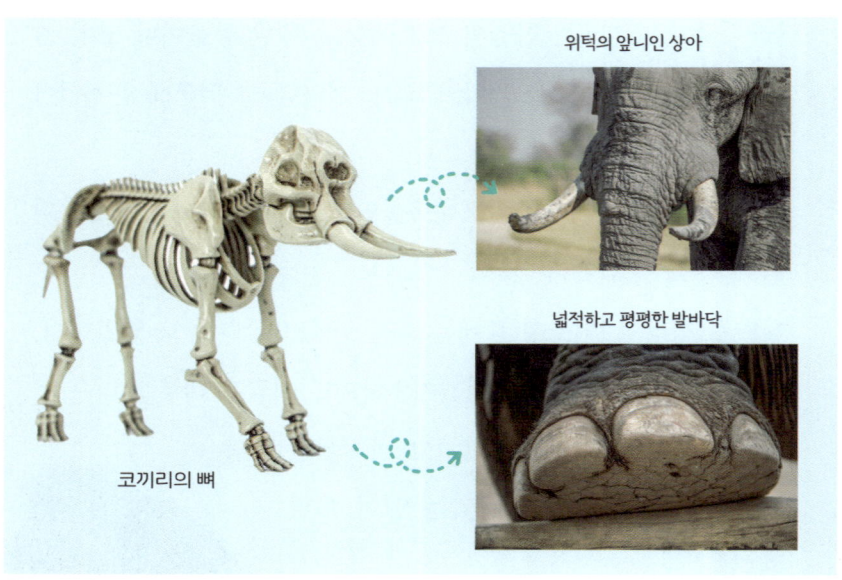

위턱의 앞니인 상아

넓적하고 평평한 발바닥

코끼리의 뼈

💬 "코끼리 상아처럼 크고 날카롭게 발달한 포유류 이빨을 '엄니'라고도 하는데, 그것 때문에 헷갈렸나 보구나. 하나 더 재미있는 사실을 알려 줄까?"

💬 "재미있는 사실이요?"

💬 "코끼리가 걷는 걸 보렴. 걸을 때 발소리가 나는지 말이야."

 민희는 할아버지 말씀에 코끼리를 조용히 살피며 귀를 기울였어요. 큰 덩치의 코끼리가 움직이는데 정말 쿵쿵거리는 소리조차 나지 않았어요.

💬 "코끼리는 무게가 5~6톤이나 될 정도로 무겁지만 걸을 때 소

리가 나지 않는단다. 넓적한 발로 아주 사뿐사뿐 걷기 때문이지."

💬 "이렇게 무거운데도 소리가 나지 않는다니 층간 소음 걱정은 없겠네요."

민희는 키득거리며 웃었어요.

페넥여우의 귀는 왜 그렇게 커요?

두 번째로 민희를 반겨 준 동물은 페넥여우였어요. 페넥여우의 몸집은 아주 작았지만, 귀는 정말 컸지요. 눈이 휘둥그레진 민희를 보고 할아버지가 웃음을 터뜨렸어요.

💬 "표정을 보아하니 페넥여우의 귀가 왜 저렇게 큰지 궁금한가 보구나!"

💬 "몸집은 작은데 귀만 크니까 귀엽기도 하고 이상하기도 해요. 왜 귀만 저렇게 커요?"

💬 "연구에 따르면 기후 변화 때문에 지구가 더워지면서 페넥여우의 귀가 점점 커졌다고 해."

💬 "지구가 더워져서 귀가 커졌다고요?"

💬 "그래, 페넥여우 귀는 핏줄이 아주 많아

큰 귀로 체온을 조절하는 페넥여우

서 열을 내보내는 역할을 한단다. 귀가 체온을 조절하는 거야. 그런데 지구가 더워지면 여우도 덥겠지? 그래서 점점 귀가 커졌고, 더 많은 열을 내보낼 수 있게 되었어."

민희는 페넥여우의 귀를 바라보며 물었어요.

💬 "페넥여우처럼 더위 때문에 외모가 바뀐 동물이 또 있어요?"

💬 "그럼, 또 있고 말고. 예를 들어 새는 부리도 커지고 꼬리와 다리가 길어지기도 했단다. 실제로 오스트레일리아에 사는 앵무새의 부리는 1871년 이후 최대 10퍼센트 정도 더 커졌지. 또 포유류인 나무쥐와 잿빛뒤쥐의 꼬리와 다리도 더 길어졌고, 박쥐 날개도 커졌어."

💬 "더위 때문에 달라진 동물이 있다면 추위 때문에 달라진 동물도 있겠네요?"

💬 "그렇지. 북극여우와 북극곰의 귀는 열을 덜 빼앗기기 위해 아주 작아졌단다. 털로 덮여 있지 않아 열을 내보내기 쉬운 부리와 다리가 커진 것과 반대지."

💬 "할아버지, 만일 계속 지구가 더워지면 새의 다리도 계속 길어질까요?"

💬 "아마 기후 변화가 계속된다면, 바뀐 기후에 적응하기 위해 조금씩 외모가 달라지겠지? 금방 바뀌진 않더라도 말이다."

귀여운 몽구스가 무서운 독사와 싸운다고요?

하품하는 페넥여우를 뒤로 하고 민희가 향한 곳은 귀여운 몽구스 우리였어요.

"할아버지, 몽구스가 낮잠을 자고 있어요. 정말 귀여워요."

"귀여운 외모랑 달리 사실 몽구스는 사나운 동물이란다."

"에이, 설마요. 저렇게 귀여운걸요!"

민희는 못 믿겠다는 표정으로 할아버지를 쳐다보았어요.

"몽구스는 사향고양이와 가까운 계통의 동물인데, 독사와 싸우는 것으로 유명하지. 몽구스와 독사에 관한 재미있는 이야기가 있는데 한번 들어 보겠니?"

"네, 얼른 해주세요!"

할아버지는 나무 아래 의자에 앉아 이야기를 이어 갔어요.

"오래전, 일본 오키나와에서 있었던 일이란다. 토종 독사인 하브 뱀이 자꾸 사람 사는 곳에 나타나 사람들이 물려 죽는 일이 일어났어. 그때 한 생물학자가 몽구스가 뱀을 잡는 것을 보고 하브 뱀을 퇴치하기 위해 몽구스를 들여왔단다. 그 후 어떻게 되었을까?"

독사와 싸우는 몽구스

💬 "몽구스가 독사를 잡아먹고 더는 사람들이 다치지 않았겠지요."

민희는 어깨를 으쓱하며 말했어요. 그렇지만 할아버지는 의미심장한 미소를 지었어요.

💬 "설마, 몽구스가 독사를 잡아먹지 않았나요?"

💬 "그래, 기대와 달리 몽구스는 독사를 잡아먹지 않았단다. 그 대신 쉽게 잡을 수 있는 다른 동물들을 잡아먹기 시작했지."

💬 "왜요? 몽구스는 독사를 잡아먹잖아요?"

민희는 이해할 수 없다는 표정으로 말했어요.

💬 "그래. 그런데 몽구스는 낮에, 독사는 밤에 돌아다녀서 거의 만날 일이 없었단다. 게다가 몽구스는 쉽게 구할 수 있는 먹이가 주변에 잔뜩 있으니 더욱 독사를 잡아먹을 필요가 없었지."

💬 "몽구스 때문에 오히려 다른 동물들이 피해를 보았군요?"

💬 "그렇지. 몽구스가 독사 대신 새 같은 다른 야생동물을 잡아먹기 시작하면서 생태계가 크게 파괴되었고, 기존 동물의 개체 수도 급격하게 줄었단다. 결국 일본은 몽구스를 처리하는 데 큰

비용을 들여야만 했어."

💬 "몽구스가 기대를 완전히 저버렸네요."

💬 "그래, 그러니 아무 동물이나 함부로 들여오면 안 되겠지? 어떤 영향을 끼칠지 모르니까 말이야."

할아버지 말씀에 민희는 고개를 끄덕이며 잠자는 몽구스를 바라보았어요.

초식동물과 육식동물은 어떤 점이 달라요?

민희는 다른 동물들을 구경하기 위해 안내도를 보았어요. 동물원 지도에는 호랑이 그림과 함께 맹수 마을이라고 표시된 곳이 있었어요.

💬 "할아버지, 맹수 마을로 가요! 시베리아호랑이가 있대요!"

💬 "그래, 가자꾸나."

민희는 할아버지 손을 잡고 맹수 마을로 갔어요. 그곳에는 시베리아호랑이뿐만 아니라 사자와 표범, 재규어, 스라소니까지 많은 동물이 있었지요. 마침 호랑이가 먹이를 먹는 시간인지, 사육사 선생님이 먹이를 주고 있었어요. 호랑이는 날카로운 이빨로

고기를 찢어 먹기 시작했어요.

💬 "민희야, 초식동물과 육식동물이 무엇이 다른지 알고 있니?"

💬 "당연히 알지요! 먹이도 다르고 이빨도 다르잖아요. 또 초식동물은 크고 육식동물은 작고요."

💬 "그렇지. 몸집도 다르고 행동 양식도 다르단다. 먹이가 다르니 사냥할 때 사용하는 무기도 달라. 저기 호랑이 이빨이 보이지?"

💬 "네, 크고 단단해 보여요."

민희는 열심히 고기를 먹는 호랑이를 보며 말했어요.

💬 "그래, 호랑이는 기둥처럼 단단한 송곳니로 강하게 물고 찔러서 먹이를 잡아먹는단다. 게다가 위턱이 넓고 아래턱이 좁아서 가위처럼 먹이를 잘라 삼키지."

💬 "앗, 꼭꼭 씹어 먹어야 하는데!"

민희는 순식간에 먹이를 먹어 치운 호랑이를 보며 말했어요.

💬 "호랑이와 같은 모든 고양이 계통의 동물은 소처럼 씹어 먹지 않고 삼킨단다. 단단한 송곳니로 물고, 고기를 자르는 납작하고 날카로운 이빨로 찢고 자르는 거야."

💬 "그럼 다른 이빨은요?"

💬 "먹이를 끊는 앞니 6개가 주둥이 앞쪽에 있어. 위턱과 아래턱 모두 12개가 있지."

할아버지는 턱을 움직이며 호랑이 흉내를 냈어요.

육식동물 호랑이의 이빨　　　　초식동물 말의 이빨

💬 "또 초식동물과 달리 육식동물은 발톱도 다르게 생겼단다. 뾰족하고 납작하지. 이유를 알겠니?"

💬 "음, 사냥과 관련이 있을 것 같은데……. 빨리 잡기 위해서가 아닐까요?"

💬 "거의 맞혔구나. 먹이를 잡아서 얼른 찢고 피를 빨리 흘리도록 하기 위해서란다. 그래야 잡힌 동물이 힘이 빠져서 쉽게 먹힐 테니 말이야."

민희의 정리 노트

초식동물과 육식동물의 차이

⭐ 초식동물: 나뭇잎, 열매, 풀 등을 먹음. 으깨어 먹을 수 있도록 맷돌 모양의 어금니가 있고 소화기관이 잘 발달함.

⭐ 육식동물: 고기를 먹음. 날카로운 송곳니와 예리한 발톱이 있음. 무는 힘이 아주 강함.

초식동물의 소화를 도와주는 균이 있다고요?

💬 "할아버지, 그런데 그렇게 씹지 않고 삼키면 소화가 안 될 것 같은데, 괜찮을까요?"

민희는 배가 부른지 꾸벅꾸벅 조는 호랑이를 보며 물었어요.

💬 "사자나 호랑이 같은 육식동물의 소화액은 뼈나 근육을 녹일 정도로 강하단다. 그래서 씹지 않고 삼켜도 별문제가 없지."

💬 "그러면 초식동물은요?"

💬 "좋은 질문이구나. 초식동물은 위가 여러 개란다."

💬 "아, 소는 위가 4개지요?"

💬 "그렇지. 하지만 풀이 소화되려면 아주 오래 걸린단다. 그래서 내장 기관이 길고, 소화를 돕는 친구도 필요하지."

💬 "친구요?"

민희는 알쏭달쏭한 표정을 지었어요.

💬 "초식동물의 장 안에는 풀을 소화할 수 있는 미생물이 있어 위 안에 들어온 풀을 잘 소화할 수 있도록 돕는단다. 하지만 방금 태어난 새끼에게는 그 미생물이 없어. 이 미생물을 대장균이라고 한단다."

💬 "어, 그러면 새끼는 풀을 먹어도 소화를 못 시키잖아요!"

💬 "그래서 새끼가 젖을 뗄 때쯤 어미가 미생물이 있는 배설물을 먹인단다. 2007년에 시베리아에서 꽁꽁 언 새끼 매머드가 발견되었는데, 위장에서 어미의 배설물이 발견되었어."

💬 "으, 좀 더럽긴 하지만 살아남으려면 먹긴 먹어야겠네요."

대자연에서 살아남으려면 어떻게 해요?

민희와 할아버지는 그늘 밑 의자에 앉아 시원한 물을 마시며 잠시 쉬기로 했어요.

💬 "할아버지, 새끼들은 참 살아남기가 어려운 것 같아요."

💬 "왜 그런 생각을 했니?"

💬 "살려면 엄마 똥까지 먹어야 하잖아요. 아기들은 그러지 않아도 되는데."

💬 "그렇지? 대자연 속에서 동물이 살아남는 것은 쉽지 않단다. 초식동물이나 육식동물이나 마찬가지야. 다만, 새끼 때의 모습은 또 달라."

💬 "무엇이 달라요?"

💬 "할아버지가 문제를 낼 테니 한번 맞혀 보렴."

💬 "맞히면 아이스크림 사 주세요!"

할아버지는 너털웃음을 터트렸어요.

💬 "하하, 그러마. 자, 이제 맞혀 보렴. 육식동물은 태어났을 때 눈도 뜨지 못하지만, 초식동물은 태어나자마자 네 다리로 서고 뛴단다. 이유를 알겠니?"

민희는 골똘히 생각에 잠겼어요.

💬 "힌트 하나만 주세요."

💬 "만일 바로 서고 뛰지 못하면……?"

💬 "아! 잡아먹힐 거예요! 그러니 살아남기 위해 빨리 서고 뛰어야겠네요."

💬 "그래. 이렇게 약한 초식동물은 살아남기 위해 바로 달아나거나 뭉쳐서 무리를 이룬단다. 아프리카 누 영양이나 얼룩말은 수십만 마리가 떼를 이루기도 해."

💬 "혹시 초식동물이 육식동물하고 싸우기도 하나요?"

💬 "초식동물 대부분은 도망을 치지만, 때로는 새끼를 보호하기 위해 목숨 걸고 싸우기도 해. 수컷 아프리카들소는 사자에게 맞서기도 하고, 북극 사향소는 새끼를 가운데에 두고 어미가 둥글게 둘러싸서 늑대의 공격을 막는단다."

민희는 의자에서 일어나며 물었어요.

💬 "그러면 육식동물도 영리하게 사냥해야겠네요?"

💬 "그렇지! 치타나 호랑이, 표범은 먹이 근처에 아주 가까이 다가가 공격할 기회를 엿본단다. 먹이가 방심한 사이를 틈타 갑자기 달려드는 거지. 반면 늑대는 먹이가 지칠 때까지 끈질기게 쫓아가 결국 사냥에 성공해."

💬 "사냥할 때 또 다른 점이 있어요?"

💬 "사냥하는 방법도 조금씩 달라. 고양이 계통의 동물 중 사자를 빼고는 대부분 혼자서 사냥해. 표범, 퓨마, 재규어, 호랑이, 삵, 스라소니가 그렇지. 반면 늑대, 하이에나, 들개와 같은 개 계통은 무리를 지어서 사냥해."

💬 "정말 쉽지 않네요."

💬 "그럼. 수많은 초식동물과 육식동물이 서로 먹고 먹히면서 균형을 이루었기 때문에 생태계가 유지되는 거란다."

혼자 사냥하는 퓨마

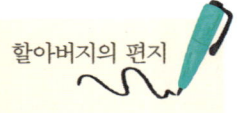
할아버지의 편지

대자연과 야생동물

민희에게

　오늘은 민희에게 할아버지가 겪은 이야기를 하려고 해. 오래전, 아직 민희가 태어나기 전에 아프리카로 여행을 떠난 적이 있단다. 커다란 아프리카 대륙을 남쪽에서 북쪽으로 올라가며 멋진 대자연을 감상했지. 야생동물도 말이다. 한참을 올라가 케냐쯤 도착했을 때, 여행을 이끌던 현지 가이드가 "호텔과 텐트 중 어디에서 자겠습니까?"라고 물었어. 난 아프리카까지 왔으니, 야생의 숨결을 느끼겠다는 생각에 "텐트에서 자겠습니다."라고 대답했지.

　해가 지고 어두운 밤이 찾아왔어. 침낭에 누워 잠을 청하는데 어디선가 부스럭거리는 소리가 들리더구나. 처음에는 일행이라 생각하고 텐트 문을 열려는데, 뭔가 이상했어. 작지만 거친 숨소리가 들리는 거야. 바로 사자의 숨소리였어. 몸이 얼어붙는 느낌이었지만 가만히 침낭으로 돌아와 눕지도 못하고 뜬눈으로 밤을 지새워야 했단다. 야생동물은 주로 밤에 돌아다니고, 대자연 속의 실상은 책이나 동물원에서 보던 것과는 다르다는 걸 잊은 탓에 아주 위험한 상황에 놓였던 셈이지.

　새벽이 밝아 오면서 텐트 밖이 조용해졌어. 그제야 침낭에 누울 수 있었지. 지금도 그때 생각만 하면 온몸에 소름이 돋는단다. 혹시라도 아프리카로 여행을 떠나게 된다면, 꼭 호텔에서 자도록 하렴.

할아버지가

암수 구별이 어려운 새가 있다고요?

맹수 마을을 나온 민희는 여러 종의 새가 가득한 조류 마을로 이동했어요. 두루미, 왜가리, 백로부터 홍학, 펭귄, 펠리컨, 고니까지 신기한 새들이 잔뜩 있었지요.

💬 "민희야, 저기 홍학 좀 보렴. 아주 우아하게 춤을 추고 있구나."

💬 "저도 따라 할래요."

민희는 팔다리를 쭉쭉 펼치며 홍학을 따라 춤을 추었어요.

💬 "아이고, 힘들어. 보기에는 쉬워 보였는데, 막상 따라 하려니 어렵네요."

민희는 쑥스럽게 웃었어요. 할아버지는 민희의 손을 잡고 홍학 가까이 갔어요.

💬 "민희야, 혹시 여기 있는 홍학 중에 어느 것이 암컷이고, 어느 것이 수컷인지 알 수 있겠니?"

💬 "음, 글쎄요. 색깔도 같고 생김새도 비슷해서 잘 모르겠어요."

💬 "그래, 홍학이나 매, 비둘기, 참새, 제비 등은 자세히 관찰하지 않으면 암컷과 수컷을 구별하기 어렵단다."

암수가 비슷하게 생긴 비둘기   암수가 다르게 생긴 꿩

💬 "그러면 반대로 구별하기 쉬운 새도 있겠네요?"

💬 "그렇지. 대표적으로는……."

💬 "닭이요! 수탉과 암탉은 완전히 다르게 생겼잖아요!"

💬 "맞아. 그리고 꿩과 원앙도 암수의 생김새가 완전히 다르단다. 수컷이 암컷보다 몸집도 더 크고 훨씬 아름답지."

💬 "확실하게 차이가 나니 구별하기 쉽겠어요."

💬 "재미있는 사실은 암수 생김새가 비슷한 새들은 암컷과 수컷 사이가 아주 좋다는 거야. 둘이 함께 둥지를 짓고 알도 교대로 품지. 새끼가 태어나면 암컷과 수컷이 협조해 열심히 기르지만, 생김새가 다른 새들은 암컷이 새끼를 주로 키운단다. 신기하지?"

💬 "암탉이 병아리를 키우는 것처럼요?"

추울 때 말고 더울 때 자는 동물이 있어요?

💬 "민희야, 날이 몹시 추울 때 동물들이 굴이나 땅속에서 꼼짝하지 않고 자는 걸 뭐라고 하는지 아니?"

💬 "겨울잠이요!"

민희는 자신 있게 대답했어요.

💬 "맞아. 그런데 겨울잠을 왜 자는지, 어떤 동물이 겨울잠을 자는지도 알고 있니?"

💬 "네! 책에서 봤어요. '겨울엔 먹이 구하기가 어려워서'라고 쓰여 있었어요. 뱀, 개구리, 곰, 다람쥐가 겨울잠을 자고요!"

💬 "그래, 그 외에 박쥐와 고슴도치도 겨울잠을 잔단다. 곤충 중에도 무당벌레나 노린재처럼 겨울잠을 자는 종이 있을 정도야."

💬 "그런데 할아버지, 겨울잠을 자기 전에 먹이를 많이 먹는다고 하던데, 그건 왜 그래요?"

💬 "그건 잠을 잘 때에도 최소한의 에너지가 필요하기 때문이란다. 겨울잠을 잘 때는 아주 천천히 호흡하고 심장도 천천히 뛰어. 겨울이니 체온도 낮아지겠지? 하지만 딱 얼지 않을 정도로만 체온이 떨어져야 해서 잠을 자면서도 살아남을 수 있는 에너지가

필요한 거야."

　　민희가 고개를 끄덕였어요.

💬 "그런데 동물이 과연 겨울잠만 잘까?"

💬 "무슨 뜻이에요?"

💬 "추울 때 자지 않고 오히려 더울 때 자는 동물이 있단다."

💬 "더울 때 잠을 잔다고요? 제가 여름에 선풍기를 틀고 낮잠 자는 것처럼요?"

💬 "하하, 그래. 남아메리카의 악어나 도롱뇽 같은 일부 동물은 건조한 날씨와 더위를 피하려고 한동안 여름잠을 잔단다. 겨울잠이나 여름잠은 동물들이 어려운 환경을 버티고 살아남기 위한 지혜로운 행동인 셈이지."

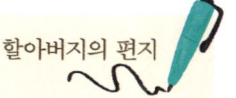

함께 협력하는 생태계

민희에게

저번에 할아버지가 아프리카에 다녀온 이야기를 해 주었지? 이번 이야기는 아마 민희도 들어 봤을 거야. 최초의 인류는 아프리카에서 기원했다고 알려져 있단다. 약 30만 년 전, 동아프리카에 나타나 약 7만~6만 5000년 전에 아프리카를 떠났지. 그래서 현생 인류의 기원을 아프리카에서 찾고, 아프리카를 인류의 고향이라고들 한단다.

아프리카에도 우리나라처럼 전해 내려오는 속담이 있는데, 그중 "빨리 가려면 혼자 가고, 멀리 가려면 함께 가라"는 속담이 있어. 사람이 잘 살아가려면 협력하라는 뜻이야. 그만큼 서로 배려하고 협조하는 것이 중요하다는 뜻이지. 아마 사람뿐 아니라 생태계의 다른 동물들도 서로 돕고 협력하며 지금까지 유지되었을 거야. 우리 민희도 다른 사람에게 양보도 하고 나눌 줄도 아는 멋진 사람으로 성장하길 바란다.

할아버지가

손을 씻을 때 꼭 비누를 써야 하나요?

어느덧 점심시간이 되었어요. 민희와 할아버지는 음식점에서 치킨을 주문하고 손을 씻기 위해 화장실로 향했지요. 잠시 후, 화장실에서 나온 민희에게 할아버지가 물었어요.

💬 "비누로 꼼꼼하게 씻었지?"

💬 "아니요? 별로 더럽지 않아서 물로만 씻었어요."

💬 "손을 씻을 때는 반드시 비누로 씻어야 한단다. 사람 손에 세균이 많다는 건 알고 있지?"

💬 "네, 그건 알고 있어요. 그런데 물로 씻었으니 세균이 사라지지 않았을까요?"

민희는 두 손을 살피며 말했어요.

💬 "물로만 씻으면 세균이 대부분 그대로 남아 있어. 비누로 구석구석, 30초 이상 씻어야만 세균이 사라진단다."

💬 "물로만 씻어도 깨끗할 거라 생각했는데……, 지금 다시 씻고 올게요!"

민희는 재빨리 화장실로 돌아가 비누로 손을 씻었어요.

💬 "할아버지, 이제 세균은 다 사라졌겠죠?"

💬 "그래, 잘했구나. 깨끗이 씻고 난 다음에는 손을 잘 말려야 해. 왜 그런지 아니?"

💬 "습관처럼 말리긴 하지만, 이유는 잘 모르겠어요."

💬 "대부분의 세균을 포함한 생물은 물 없이 살 수 없단다. 그러니 꼼꼼하게 씻고 깨끗하게 말리면 세균이 우리 입으로 들어갈 일은 없겠지?"

💬 "지금처럼요!"

새의 조상은 공룡일까요?

자리에 앉자 갓 튀겨 고소한 냄새를 풍기는 치킨이 나왔어요. 맛있게 먹는데 갑자기 할아버지가 닭 뼈를 들고 살피기 시작했어요.

💬 "닭 뼈는 소뼈와 뭐가 다를까?"

💬 "뭐가 다른데요?"

💬 "닭은 날아다니는 새와 같은 계통이라 뼛속이 비어 있단다. 날아다니려면 몸이 가벼워야 하기 때문이지. 대신 뼈가 아주 단단해. 그런데 민희야, 혹시 이 닭이 어디서 왔는지 알겠니?"

💬 "글쎄요? 어느 양계장에서 왔겠지요?"

💬 "그래, 그 양계장 이름이 공룡이라는구나."

💬 "공룡이요? 갑자기 무슨 말씀이세요?"

민희는 치킨을 먹다 말고 이상하다는 듯 할아버지를 쳐다보았어요.

💬 "하하! 이 닭, 그러니까 새의 조상이 공룡, 곧 파충류라는 말이란다."

💬 "그걸 어떻게 알아요?"

시조새 화석

💬 "과학자들이 육식공룡 뼈와 시조새 뼈를 비교해 알아냈어. 두 뼈가 서로 비슷한 부분이 있거든. 시조새가 육식공룡보다 좀 나중에 등장했어."

💬 "그런데 뼈가 비슷하다고 해서 조상이 될 수 있어요?"

💬 "좀 부족한 것 같지? 나중에 중국에서 결정적인 증거가 발견되었어. 몸에 깃털이 달린 공룡이 발견된 거야. 게다가 몸 전체가 가는 털로 뒤덮였다는 사실까지 알려지면서 공룡으로부터 새가 진화했다는 주장이 힘을 얻었지."

💬 "그러면 시조새가 가장 먼저 날았나요?"

💬 "아쉽지만, 아니란다. 가장 먼저 난 동물은 잠자리야. 다음이 익룡이고, 시조새는 그다음이지."

💬 "하늘다람쥐도 하늘을 난다고 들었어요."

💬 "사실 하늘다람쥐는 새처럼 날개로 난다기보다 미끄러지는 것이란다. 하늘다람쥐를 보면 앞다리와 뒷다리 사이에 있는 막을 활짝 펼쳐 나무와 나무 사이를 미끄러지듯 이동해. 몸을 넓고 납

작하게 만들면 양력을 많이 받을 수 있단다."

💬 "양력은 비행기 날개와 관련 있는 힘이지요?"

💬 "그렇지, 양력은 날아가는 물체를 밀어 올려 띄워 주는 힘이란다. 몸이 넓어야 아래에서 쉽게 밀겠지?"

💬 "그래서 하늘다람쥐 몸이 카펫처럼 넓어지나 봐요!"

탄산음료는 왜 몸에 좋지 않아요?

💬 "할아버지, 우리 콜라 마셔요."

💬 "콜라 말고 물은 어떨까?"

💬 "아이참, 치킨에는 콜라지요!"

💬 "탄산음료가 몸에 좋지 않다는 사실은 이미 알고 있지?"

민희는 입을 삐죽하며 다시 자리에 앉았어요.

💬 "마시고 싶은 마음은 이해하지만 말이다, 탄산음료에는 당분이 아주 많단다. 지나치게 많은 당분은 지방으로 변해 몸에 저장되지. 그렇게 되면……."

💬 "살이 찌겠지요."

💬 "그래, 단것을 너무 많이 먹으면 면역력과 집중력도 떨어진다

고 하니 당분 섭취를 줄여야겠지?"

💬 "하지만 맛있는걸요."

💬 "그러다 이까지 썩게 될 텐데?"

💬 "치과는 싫어요!"

민희는 손으로 입을 막으며 소리쳤어요.

💬 "탄산음료는 산성이 아주 강해서 너무 많이 마시면 치아를 보호하는 법랑질이 손상된단다. 간단히 말해 치아를 녹인다는 말이야. 하지만 더 큰 문제는 바로 탄산음료에 들어 있는 카페인과 인산이지. 칼슘 흡수를 방해하거든. 너처럼 한창 자랄 아이가 칼슘이 부족하면 어떻게 되겠니?"

💬 "키가 덜 자라겠지요?"

💬 "그래, 할아버지처럼 나이가 든 사람들은 뼈가 약해지고 구멍이 생기는 골다공증에 걸릴 수도 있단다. 그러니 오늘은 물을 마시자꾸나."

위도와 경도는 어떻게 위치를 나타내요?

식사를 마친 민희와 할아버지는 다시 동물원 안내도 앞에

섰어요. 지도에는 현재 위치와 각종 동물의 위치가 나와 있었지요. 민희는 지금까지 구경한 길을 되짚으며 말했어요.

💬 "지도 덕분에 어디를 거쳐 왔고 또 어디로 가야 할지 쉽게 알 수 있어서 편하네요."

💬 "그게 바로 지도의 역할이란다. 지구도 지도처럼 위치를 나타내는 선이 있어."

💬 "알아요! 위도와 경도 말이지요?"

💬 "그래, 지구상에서 위치를 정확히 표현하기 위해 그은 선을 위도와 경도라고 한단다. 마치 주소처럼 말이다."

💬 "그런데 위도와 경도는 어떻게 위치를 나타내요?"

💬 "음, 먼저 적도부터 이야기해야겠구나. 민희는 적도를 얼마나 알고 있니?"

💬 "몹시 더운 곳이요!"

💬 "물론 적도 지방이 덥긴 덥지만, 지금 이야기하는 적도는 지구를 동서 방향으로 둘러싸는 가장 긴 띠를 말한단다."

💬 "지구본에 그려져 있는 둥글고 긴 가로선이요?"

민희는 집에 있는 지구본을 떠올리며 말했어요.

💬 "그래, 그 적도에서 남북극 극점 각 방향으로 90등분 하여 평행하게 그은 가로선을 위선이라고 한단다. 북쪽은 북위, 남쪽은 남위라고 불러. 우리나라는 가운데에 북위 38도선이 지나가지."

💬 "아, 38선이라 할 때 숫자 38이 바로 그 뜻이었군요!"

💬 "그래, 이제 경도를 추측해 볼까?"

민희는 바닥에 둥근 지구를 그리고는 생각에 잠겼어요.

💬 "위선이 가로선이라고 했으니, 경선은 세로선인가요?"

💬 "바로 그거야. 경선은 남북극 점을 지나가는 선이란다. 다른 말로 자오선이라고 하는데, 이 자오선 중에 런던 그리니치를 지나는, 경도가 0인 선을 특별히 '본초 자오선'이라고 부른단다."

💬 "책에서 본 것 같아요. 시간하고 관련이 있었는데……."

💬 "그래, 본초 자오선을 기준으로 동쪽으로 180등분 한 경선을 동경, 서쪽으로 180등분 한 경선을 서경이라고 한단다. 세계시간의 기준이지."

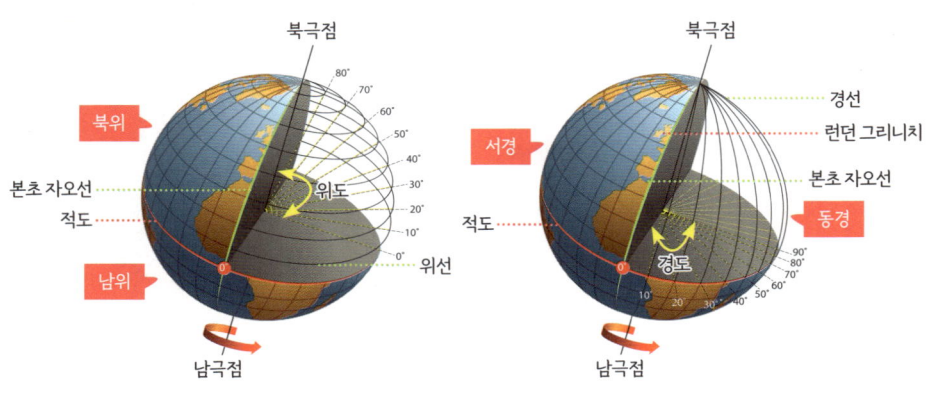

위도와 경도

본초 자오선과 시간은 무슨 사이예요?

💬 "할아버지, 잠깐만요! 본초 자오선이 시간과 관련이 있는 건 아는데요, 도대체 무슨 사이인 거예요? 미국하고 우리나라하고 시간이 다른 것과도 관계가 있어요? 그럼, 날짜는 왜 달라져요? 저번에 우리는 벌써 새해를 맞이했는데, 미국에 사는 고모는 아직도 12월 31일이라고 했었잖아요?"

💬 "아이고, 궁금한 것도 많구나. 천천히 질문하렴."

할아버지는 민희의 머리를 쓰다듬으며 웃었어요.

💬 "본초 자오선은 자정과 정오가 시작되는 선이란다. 이 선을 기준으로 동쪽으로 경도 15도씩 이동할 때마다 1시간씩 빨라져. 우리나라는 동쪽으로 135도에 있기 때문에 본초 자오선보다 9시간 빠르단다. 그만큼 태양도 일찍 뜨겠지?"

💬 "135를 15로 나누면 몫이 9니까, 9시간이네요. 그런데 왜 경도 15도마다 1시간씩 빨라지는 거예요?"

💬 "좋은 질문이구나. 경도 15도마다 1시간 차이가 나는 것은 지구의 자전 주기가 24시간이기 때문이야. 360도 한 바퀴를 도는데 24시간이 걸리니 한 시간에 15도를 자전하는 셈이지."

💬 "아하! 이해했어요. 그러면 날짜는요?"

할아버지는 의자에 앉아 바닥에 둥근 원을 그리고 가운데 긴 선을 그렸어요.

💬 "혹시 날짜 변경선이라고 들어 봤니?"

💬 "할아버지도 참. 잘 모르니까 물어봤죠!"

💬 "아까 본초 자오선을 기준으로 동쪽과 서쪽을 각각 뭐라고 부른다고 했었지?"

💬 "동경과 서경이요."

💬 "그래, 그러면 동쪽으로 180도만큼 돌고 서쪽으로 180도만큼 돌면 서로 어떻게 될까?"

💬 "음, 방향만 반대고 결국 만나요!"

💬 "그렇지! 결국 동경 180도와 서경 180도는 같은 선이란다. 이 지점을 날짜 변경선이라고 불러. 만약 본초 자오선 시각이 9월 10일 0시라면 동경 180도에서는 10일 낮 12시, 정오야. 그런데 그 시각이 서경 180도에서는 9월 9일 낮 12시지. 같은 곳인데도 어느 쪽으로 가느냐에 따라 24시간, 하루 차이가 난단다."

💬 "날짜 변경선을 기준으로 가는 방향에 따라 날짜가 다르단 말이지요?"

💬 "그렇단다. 그래서 날짜 변경선을 서쪽에서 동쪽으로 넘으면 하루를 빼고, 동쪽에서 서쪽으로 넘으면 하루를 더해."

날짜 변경선을 동으로 향해 넘어가면 하루가 늦어지고,
서로 향해 넘어가면 하루가 빨라진다.

💬 "좀 더 자세히 설명해 주세요!"

💬 "예를 들어, 우리나라에서 1월 1일에 태평양을 건너 미국으로 가면 우리나라는 새해지만, 미국은 아직 12월 31일이란다. 반대로 미국에서 12월 31일에 태평양을 건너 우리나라로 오면 우리나라는 하루를 당겨서 1월 1일이 되지."

💬 "그런데 할아버지, 왜 날짜 변경선 모양이 삐뚤빼뚤해요?"

💬 "날짜 변경선을 바다만 지나가도록 그려서 그래. 만약 이 선이 섬이나 육지 한가운데를 지난다면 같은 지역에서 한쪽은 12월 31일이고 다른 한쪽은 1월 1일이 되는 곤란한 상황이 생기겠지?"

시간이 다르면 불편하지 않나요?

💬 "어휴, 나라마다 날짜도 다르고 시간도 다르면 너무 불편할 것 같아요."

💬 "그렇게 생각할 수도 있겠지만, 모든 나라의 시간을 똑같이 만들 수는 없단다. 지구가 자전하면서 태양을 받는 쪽은 낮, 받지 않는 쪽은 밤인데 다 같은 시간을 쓸 수는 없잖니?"

💬 "그냥 낮과 밤으로만 나누면 더 편할 것 같은데요."

💬 "오히려 지금은 본초 자오선을 기준으로 시간이 정리되어 훨씬 편해진 것이란다."

💬 "그러면 옛날에는 어땠는데요?"

💬 "사람들은 오래전부터 태양이 머리 바로 위에 왔을 때를 대낮, 곧 정오로 생각했어. 그러니까 사람이 있는 곳에 따라 정오가 전부 달랐지. 사실 내 머리 위로 태양이 오는 시간은 내가 어디에 있는지에 따라 전부 다르거든. 이렇게 지방마다 다른 시간을 지방시라고 부른단다."

💬 "서울에서 제가 정오에 밥을 먹는다면 다른 지방에 있는 친구들은 이미 밥을 먹었거나, 안 먹었겠네요? 기준이 없이 지방시

를 쓰면요."

💬 "자기가 있는 곳을 기준으로 하면 시간이 서로 달라지겠지? 그래서 한 지역에서 일정한 곳을 기준으로 삼아 그 지역에서 표준이 되는 시간을 쓰기로 약속했단다. 이 시간이 바로 표준시야. 우리나라는 태양이 동경 135도 하늘에 올 때를 정오로 결정했지. 우리나라 표준시란다."

💬 "동경 135도일 때가 정오고, 이 시간이 우리나라 전역에서 사용된다는 말이지요?"

민희가 고개를 끄덕이며 말했어요.

💬 "그래. 그런데 미국처럼 나라가 아주 넓으면 문제가 생긴단다. 땅덩어리가 너무 커서 표준시 하나 가지고는 모든 지역을 포함할 수가 없기 때문이야. 그래서 미국은 동부 표준시, 중부 표준시, 서부 표준시처럼 여러 표준시를 사용하지."

💬 "다른 나라도 표준시가 있어요?"

💬 "그럼. 러시아같이 땅이 동서로 넓은 나라는 지역에 따라 시간 차이가 커. 무려 11개의 표준시를 사용하는데, 동쪽과 서쪽 끝이 약 10시간 정도 차이가 난다고 해. 중국도 역시 땅이 넓어서 과거에는 4개의 시간대를 썼지만, 지금은 베이징 표준시 하나만 쓰고 있단다. 동쪽과 서쪽이 약 4시간 정도 차이가 나는데, 표준시 기준이 동경 120도라 서쪽 사람들은 실제 시간보다 더 빠른

시간대를 사용한다고 해."

💬 "서쪽 사람들은 정말 불편하겠어요."

민희는 고개를 절레절레 흔들었어요.

계절이 바뀌는 이유는 뭐예요?

한참을 이야기하다 보니 어느덧 노을이 지기 시작했어요.

💬 "할아버지, 오늘 정말 재미있었어요. 다음에 또 와서 동물도 보고 이야기도 해 주세요."

💬 "그래, 언제 또 올까?"

💬 "제 생일이 있는 가을에요!"

💬 "그러자꾸나. 가기 전에 마지막 퀴즈를 맞혀 볼래?"

💬 "좋아요!"

💬 "따뜻한 봄에서 더운 여름, 선선한 가을과 추운 겨울까지 계절은 왜 바뀌는 걸까?"

💬 "지구가 태양 주위를 돌아서요. 공전이요, 공전!"

💬 "그런데 지구는 어떤 모양으로 태양 주위를 돌지?"

💬 "살짝 기울어져서요."

💬 "그래, 자전축이 공전 면과 직각을 이루는 직선에서 약 23.5도 기울어져서 공전하기 때문에 태양이 비추는 각도가 달라진단다. 태양 고도가 높아지는 곳에서는 태양이 비추는 시간이 길어져 여름이 오고, 반대로 고도가 낮아지는 곳에서는 시간이 짧아져 겨울이 오지."

💬 "만약 기울어지지 않았다면요?"

💬 "한번 생각해 보렴."

💬 "계절이 생기지 않을 거예요."

💬 "그렇지. 기울어진 채로 공전하기 때문에 지구의 기후가 다양해지고 생태계가 유지되는 것이란다. 만일 그렇지 않다면 지구는 지금과 완전히 다른 모습일 거야."

남반구에서는 태양이 가장 높이 뜨는 방향이 반대라고요?

💬 "민희야, 남극세종기지 알지?"

💬 "네! 남극에 있는 과학 연구 기지요. 남극을 연구한다고 들었어요."

💬 "맞아. 그런데 기지에서는 해가 동쪽에서 뜰까, 아니면 서쪽

에서 뜰까?"

민희는 할아버지의 질문에 웃음을 터뜨렸어요.

💬 "할아버지도 참! 당연히 동쪽이지요. 해가 뜨고 지는 건 자전과 관련이 있으니까요."

💬 "하하, 그렇지. 그러면 태양이 가장 높이 떴을 때, 세종기지에서는 그 방향이 어느 쪽일까?"

자신만만하던 민희는 고개를 갸우뚱거렸어요.

💬 "태양이 가장 높이 떴을 때요? 글쎄요?"

💬 "태양이 가장 높이 떴을 때를 태양이 남중했을 때라고 한단다. 서울에서는 그 방향이 남쪽이야. 그러나 남반구에 있는 기지에서는 태양이 가장 높을 때, 그 방향이 북쪽이란다."

남극장보고기지의 태양_ 남반구에서는 태양이 남중하는 방향이 북쪽이다. 따라서 태양이 가장 낮을 때의 방향은 남쪽이다.

💬 "아하! 우리나라는 북반구지만 남극은 남반구라서 그렇군요! 아깝다, 조금 더 생각했으면 맞힐 수 있었을 텐데……."

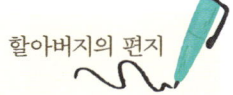
할아버지의 편지

지구가 자전을 멈춘다면

민희에게

할아버지가 중학생일 때, 한참 과학 소설에 빠졌던 적이 있단다. 등굣길에도 읽기를 멈출 수가 없었어. 그때는 상상하지도 못한 일들이 소설 속에서 펼쳐졌기 때문이란다. 그중 가장 기억에 남는 것이 바로 지구의 자전이 멈춘다는 이야기였어.

알다시피 지구의 자전은 낮, 밤과 관련이 있지? 그런데 소설에서는 자전을 멈추는 바람에 낮인 곳은 계속 더운 낮이, 밤인 곳은 계속 추운 밤이 계속되었어. 결국 생태계는 돌이킬 수 없을 정도로 파괴되었고, 많은 생물이 살기 어려워진 탓에 낮과 밤인 나라 사이에 전쟁까지 일어났단다. 오래전이라 이야기의 끝은 기억나지 않지만 '만약 그렇게 된다면 어떻게 하지?' 하고 한참을 걱정했던 기억이 떠오르는구나. 지구가 끊임없이 자전과 공전을 하기에 지금과 같은 환경이 유지된다는 사실, 민희도 잘 알겠지? 항상 감사하는 마음을 갖자꾸나.

할아버지가

2부 산에서

등산이 힘든 이유가 지구 때문이라고요?

민희는 할아버지와 동네 뒷산으로 놀러 갔어요.

💬 "민희 너, 힘들지 않겠니?"

💬 "할아버지! 저 이래 봬도 튼튼하다고요!"

민희는 두 다리를 툭툭 치며 자신 있게 대답했어요. 등산은 처음이지만, 동네 뒷산 정도야 충분히 올라갈 수 있을 거로 생각했지요.

잠시 후, 할아버지와 민희는 산 정상에 도착했어요. 가뿐히 올라온 할아버지와 다르게 민희는 가쁜 숨을 몰아쉬었어요.

💬 "하, 할아버지. 이제 다 온 거 맞지요?"

민희가 숨을 고르며 물었어요.

💬 "그래, 여기가 정상이란다. 동네 뒷산이라고 얕잡아 봤는데, 꽤 힘들지?"

민희는 대답도 못 하고 고개만 끄덕였어요.

💬 "산을 오를 때 왜 힘이 드는지 아니? 그건 바로 지구 때문이란다. 지구가 너를 잡아당기는 힘을 이겨 내고 높은 곳으로 오르기 때문에 힘이 드는 거야. 반면 내려올 때는 지구가 너를 잡아당

기고 너도 낮은 곳으로 내려가기 때문에 힘이 적게 든단다."

💬 "지구가 나를 잡아당긴다고요?"

💬 "지상에 있는 모든 물체는 서로를 잡아당겨. 그 힘을 보통 '인력' 또는 '만유인력'이라고 부르지. 예를 들면 너와 나 사이에도 인력이 있고, 지구와 우리 사이에도 인력이 있단다."

💬 "그러면 할아버지와 나 사이에도 인력이 있는데 왜 서로 끌어당기지 않아요?"

💬 "우리 둘 사이의 인력보다 지구가 각각 나와 너를 당기는 인력이 너무 강해서 우리가 끌려가지 않는 거야. 끌어당기는 힘은 무거울수록, 또 가까울수록 크단다. 할아버지 몸무게가 너보다 무거운 것은 지구가 민희 너보다 할아버지를 더 강하게 당기기 때문이지."

💬 "그러면 우리가 뛰어올랐다가 땅에 떨어지는 것도 인력 때문인가요?"

💬 "그래, 바로 지구가 우리를 당기는 힘 때문에 떨어지는 거야. 우리뿐만 아니라 야구공, 대포 포탄, 나무에 달린 열매 등 물체는 모두 땅에 떨어지지?"

💬 "네! 지구가 잡아당기니까요."

💬 "그래, 만유인력은 우주에 있는 모든 물체에 다 있다는 걸 기억하렴."

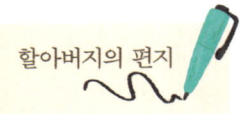

사과와 만유인력

민희에게

　아주 오래전에 할아버지가 시골에 살았을 때란다. 더운 여름, 나무 그늘에 누워 쉬고 있었지. 그때 무언가가 얼굴로 툭 떨어졌단다. 그 바람에 달게 자던 잠이 홀랑 달아나 버렸지 뭐냐. 잠을 깨운 것이 무엇인가 봤더니 과일이었어. 만유인력 때문에 과일이 떨어진 거였지.
　너도 알다시피 뉴턴도 사과가 떨어지는 걸 보고 만유인력을 발견했잖니? 할아버지의 경험이 좀 더 빨랐다면, 뉴턴의 만유인력이 아니라 할아버지의 만유인력이 되었을 텐데 아직도 아쉽구나. 하하. 아 참, 뉴턴이 만유인력 법칙을 발견한 사과나무가 영국 케임브리지 대학교 교정에 있다고 하니, 기회가 되면 함께 보러 가자꾸나.

할아버지가

구름은 왜 생기는 거예요?

　정상에서 숨을 고르던 민희는 문득 고개를 들어 하늘을 보앉아요. 유달리 구름이 많이 끼어 있었어요.

💬 "할아버지, 그래도 오늘 구름이 껴서 덜 더웠던 것 같아요."

💬 "공기 중에 모인 물방울들이 민희가 더울까 봐 시원하게 해 주었나 보다."

💬 "물방울이요?"

민희는 구름 이야기를 하다 왜 물방울이 나오는지 궁금해졌어요.

💬 "구름은 공기 중에 있는 작은 물방울들이 모인 것이란다. 공기가 뜨거워지면 부피가 늘어나고 가벼워져서 점점 위로 올라가. 그런데 위로 올라갈수록 온도는 낮아지니 따뜻했던 공기가 점차 식겠지? 결국 식은 공기 안에 수증기 상태로 있을 수 있는 물의 양이 줄어들어 수증기가 물방울이 된단다. 이 물방울들이 점점 모이면 어떻게 될까?"

💬 "비가 되어 떨어지지요!"

💬 "그럼, 높은 곳의 온도가 아주 낮다면?"

💬 "물방울들이 얼음덩어리가 되어 떨어지겠죠?"

💬 "그래, 비가 내리는 원리와 마찬가지로 얼음덩어리인 우박도 내린단다. 큰 것은 지름이 6~7센티미터나 되는 것도 있어."

💬 "와, 우박이 떨어질 땐 조심, 또 조심해야겠네요."

민희가 머리를 감싸 쥐며 말했어요.

태풍에 눈이 있다고요?

💬 "이제, 슬슬 내려가 볼까?"

할아버지와 민희는 천천히 산에서 내려오기 시작했어요. 그때 머리 위로 큰 소리와 함께 비행기가 지나갔어요. 민희는 무언가 생각난 듯 할아버지에게 물었어요.

💬 "할아버지. 고모는 언제 와요?"

💬 "글쎄다. 태풍 때문에 비행기가 취소되었다고 하니, 다시 계획을 잡아야겠지?"

💬 "하필 고모가 올 때 태풍이라니! 왜 자꾸 태풍이 올까요?"

💬 "민희야, 태풍이 뭔지 아니?"

💬 "강한 바람이 불고 비도 엄청 많이 오는 현상이지요."

💬 "그래, 태풍은 남쪽 열대 적도 바다에서 생기는 큰바람이란다. 여름쯤 되면, 적도 북서 태평양은 태양 고도가 높아지면서 바다 위 공기가 아주 뜨거워지지."

💬 "으~, 듣기만 해도 벌써 더워요."

💬 "가열된 공기는 부피가 늘어나 점점 가벼워져서 하늘 높이 올라간단다. 공기가 올라가면 그만큼 빈자리가 생기겠지?"

💬 "그럼 주변 공기가 들어와서 자리를 채우겠네요?"

💬 "그렇지, 그런데 지구가 자전하기 때문에 바람은 반시계 방향으로 불어온단다. 이때 바람 속도가 초당 20미터를 넘으면 태풍이라고 불러."

고개를 끄덕이던 민희는 갑자기 알쏭달쏭한 듯한 표정을 지었어요.

💬 "적도는 우리나라보다 한참 아래에 있는데, 태풍이 어떻게 여기까지 와요?"

💬 "태풍은 바람이란다. 그러니 한자리에 있지 않고……."

💬 "아! 움직이겠네요. 바람 부는 것처럼요?"

💬 "그래. 태평양에서는 북동 무역풍에 밀려 아시아 대륙 쪽으로 왔다가 편서풍에 밀려 대개는 우리나라 남쪽에서 일본 남쪽

태풍이 만들어지는 원리

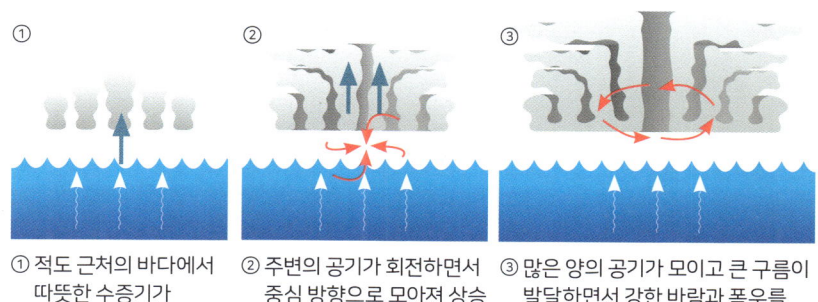

① 적도 근처의 바다에서 따뜻한 수증기가 대기로 올라간다.

② 주변의 공기가 회전하면서 중심 방향으로 모아져 상승 기류를 형성한다.

③ 많은 양의 공기가 모이고 큰 구름이 발달하면서 강한 바람과 폭우를 동반한 태풍이 만들어진다.

바다를 지나 북동쪽으로 빠져나가지. 이렇게 움직여도 태풍의 눈을 중심으로 한 전체 모양은 크게 변하지 않는단다."

💬 "태풍의 눈이 뭐예요?"

💬 "태풍의 한가운데를 말해. 태풍이 왔을 때, 잠시 바람도 없고 파란 하늘이 보일 때가 있는데, 위에서 무거워진 공기가 아래로 내려와 구름도 생기지 않고 고요한 상태를 유지하지. 하지만 태풍의 눈 바깥쪽에는 소나기 성격의 강한 비가 계속 내린단다."

태풍의 절반은 위험하고, 절반은 덜 위험하다고요?

집으로 돌아온 민희는 텔레비전을 켰어요. 마침 흘러나오는 뉴스에서는 태풍 보도를 하고 있었어요.

"이번 태풍은 세력이 아주 강하기 때문에 위험반원을 구분하는 것이 큰 의미가 없을 것으로 보입니다. 위험반원에 해당하는 지역이 아니더라도 각별한 주의가 필요합니다."

💬 "할아버지, 위험반원이 뭐예요?"

💬 "위험반원은 글자 그대로 '위험한 반원'이란다. 보통 북반구에서는 태풍이 가는 방향의 오른쪽을 위험반원이라고 해. 바람의 방향과 태풍의 방향이 같아서 풍속이 증가하기 때문에 피해도 크지."

💬 "왜 그런데요?"

💬 "무역풍과 편서풍 때문이란다. 북위 30도를 기준으로 남쪽에서는 북동 무역풍이 불고 북쪽에서는 남서 편서풍이 불지. 위험반원에서는 태풍의 방향과 북동 무역풍이나 남서 편서풍의 방향이 같아 바람이 더욱 강해져."

💬 "그럼 안전한 곳도 있어요?"

💬 "위험반원의 반대쪽을 안전반원 또는 가항반원이라고 한단다. 태풍의 방향과 무역풍이나 편서풍의 방향이 서로 반대가 되어 바람이 약해지지."

💬 "그러면 태풍이 지나가는 길이 아주 중요

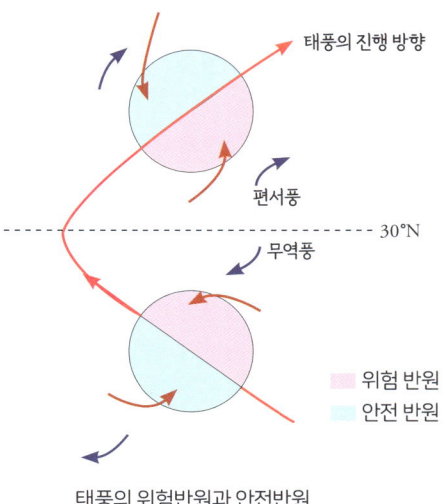

태풍의 위험반원과 안전반원

하겠네요?"

💬 "그래서 태풍이 발생하면 전 세계적으로 태풍 경로를 관찰하고 예측해. 예를 들어 태풍이 대한 해협을 지나 동해로 올라오면 일본은 위험반원에 들어 피해가 크겠지? 마찬가지 원리로 태풍이 우리나라 중부지방을 비스듬하게 지나가 동해로 빠져나가면 태풍 오른쪽인 부산은 피해가 크고 서울 쪽은 피해가 작단다."

💬 "태풍이 어디로 지나가는지 잘 알아야 대책도 잘 세울 수 있겠네요."

💬 "그렇지, 중요한 점을 짚었구나."

민희가 어깨를 으쓱거리며 웃었어요.

민희의 정리 노트

무역풍과 편서풍

⭐ **무역풍**
위도 30도 정도의 중위도 지방에서 일 년 내내 적도를 향해 부는 바람. 이 가운데 북반구에서 부는 것을 북동 무역풍, 남반구에서 부는 바람을 남동 무역풍이라 함. 무역하는 사람들이 이 바람을 타고 무역을 했다고 함.

⭐ **편서풍**
중위도 지방에서 생긴 고기압이 위도 60도까지 이동하는 바람. 지구 자전 때문에 서쪽으로 휘며, 일 년 내내 서쪽에서 동쪽으로 붊.

올 때 갈 때, 비행시간이 다르다고요?

💬 "할아버지, 고모가 보낸 비행기표 좀 보세요. 비행시간이 달라요."

민희는 방금 받은 메시지를 열어 할아버지에게 보여 주었어요. 한국에 오기로 한 고모가 비행기표를 찍어 보내 준 화면이었지요.

```
KE018  A380-800

● LAX 로스앤젤레스
  2023년 7월 16일 (일) 10:50   터미널 B
  13시간 50분
● ICN 서울/인천
  2023년 7월 17일 (월) 17:40   터미널 2
```

```
KE017  A380-800

● ICN 서울/인천
  2023년 7월 25일 (화) 14:30   터미널 2
  11시간 0분
● LAX 로스앤젤레스
  2023년 7월 25일 (화) 08:30   터미널 B
```

💬 "같은 목적지이고, 거리가 달라지는 것도 아닌데 왜 오고 갈 때 시간이 차이가 나는지 모르겠어요."

민희가 의아한 표정으로 할아버지를 바라보았어요.

💬 "제트기류 때문이란다. 지구를 둘러싼 공기층이 있다는 건 이미 알고 있지? 그중 기상 현상이 일어나는 층을 대류권이라고

해. 제트기류는 지상 9~12킬로미터 높이에서 시속 100~300킬로미터의 속도로 서쪽에서 동쪽으로 부는 강한 바람이란다."

💬 "와! 거의 KTX만큼 빠르네요."

💬 "지역에 따라 다르지만 아주 강한 바람임은 틀림없지. 그런데 비행기가 적절하게 유지해야 하는 순항 고도와 제트기류가 흐르는 높이는 서로 비슷하단다. 한국에서 미국으로 갈 때는 이 제트기류를 타기 때문에 빠르게 갈 수 있고, 반대로 돌아올 때는 시간이 좀 더 걸리는 거야."

💬 "흠, 비행시간에 그런 비밀이 숨어 있는 줄은 몰랐네요."

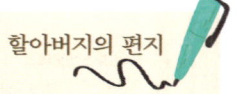
할아버지의 편지

커다란 자석, 지구

민희에게

며칠 전, 과학 숙제로 나침반을 만들던 네 모습을 보았는데 할아버지의 어린 시절을 보는 듯했단다. 우리 때는 나침반의 원리를 그저 글로만 배웠는데 말이다. 그때 선생님이 "지구가 자석이다!"라고 말씀하셨던 것이 아직도 기억에 남는구나. 난 철로 만들어진 모든 물건은 다 바닥에 붙어야 하는 것 아니냐고 되묻기도 했지.

어찌 되었든, 지구는 자석의 성질을 갖고 있단다. 지자기라고도 하지. 이 지자기와 나침반 덕분에 비행기나 배가 헷갈리지 않고, 서로 부딪히지 않고 가야 할 길을 갈 수 있단다. 인공위성이나 GPS도 모두 지자기를 활용한 것이지. 만일 지구가 자석의 성질이 없었다면 지금처럼 편리하게 생활하진 못했겠지? 나침반은 말할 것도 없고 말이야. 우리 민희도 지금처럼 열심히 공부하고 노력해서 길을 잃지 않고 이루고 싶은 꿈을 이루길 바란다.

할아버지가

오로라를 보러 여행을 간다고요?

고모가 민희에게 아름다운 사진 몇 장을 보냈어요. 오로라를 찍은 사진이었지요. 민희는 재빨리 할아버지에게 달려갔어요.

💬 "할아버지, 오로라는 어떻게 생겨요?"

💬 "갑자기 오로라라니, 무슨 말이니?"

민희는 오로라 사진을 할아버지에게 보여 주었어요.

💬 "고모가 캐나다에서 오로라를 봤대요."

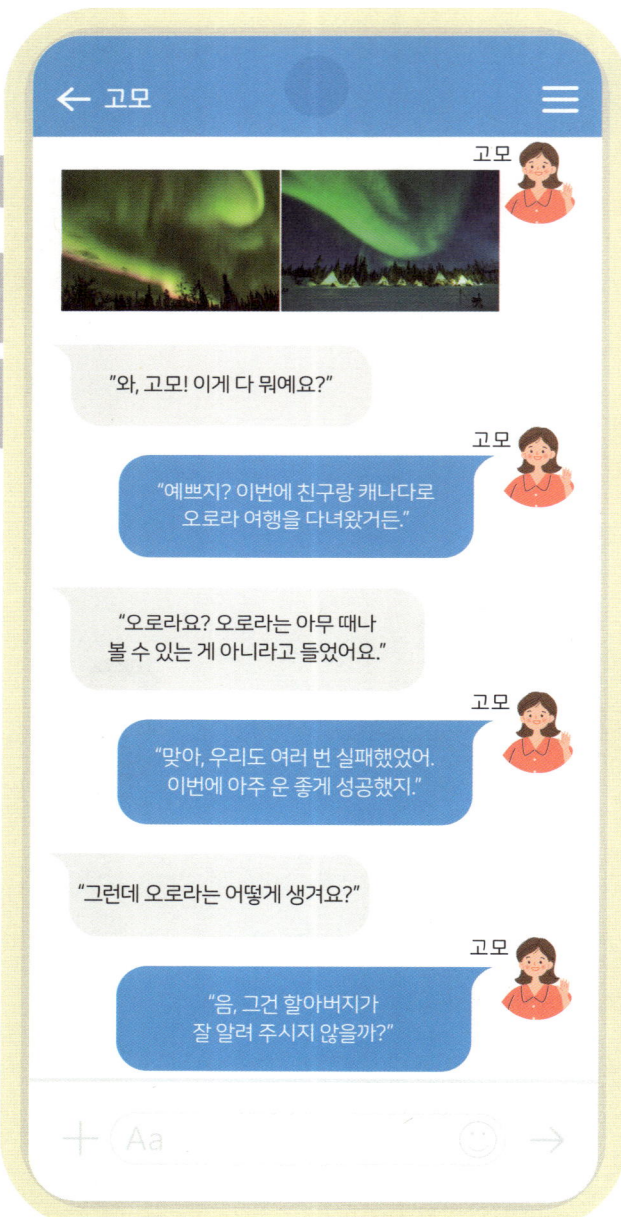

💬 "그렇구나. 오로라가 무엇이냐면, 태양에서 날려 오는 태양풍의 플라스마가 지구의 지자기에 끌려 들어오면서 공기의 질소나 산소 같은 원자와 충돌해서 생기는 현상을 말한단다."

💬 "태양풍? 플라스마? 그게 다 뭐예요?"

💬 "태양풍이란 태양이 전기를 가진 알갱이를 내뿜는 현상인데, 이 알갱이들을 플라스마라고 해. 오로라는 태양풍이 충돌하는 성분과 높이에 따라서 아름다운 빛을 낸단다. 그러니 어두워야 잘 보이겠지? 낮에는 하늘에 오로라가 있어도 밝아서 보이지 않아."

💬 "저도 나중에 꼭 오로라를 보러 갈 거예요."

비행기 안 기압이 낮아서 더 피곤하다고요?

며칠 후, 기다리던 고모가 한국에 도착했어요. 공항에서 집으로 돌아가는 내내 이야기꽃을 피웠지요.

💬 "고모, 보고 싶었어요. 힘드셨지요?"

💬 "조금! 이젠 익숙해서 괜찮아."

💬 "전 아직 비행기를 오래 타 본 적이 없어서 잘 모르겠지만, 힘들 것 같아요."

💬 "비행기 안은 땅에서보다 기압이 더 낮아서 더 피곤하게 느껴진단다."

고모가 하품을 하며 할아버지 설명이 맞는다는 듯 고개를 끄덕였어요.

💬 "기압이 더 낮다고요? 어째서요?"

💬 "고도가 높아지면서 공기 밀도가 낮아지기 때문이야. 이륙 전 기내 기압이 1기압(760mmHg)이라면 순항 중인 비행기 내부 기압은 그것의 약 80퍼센트(610mmHg)로 더 낮아. 낮은 기압 탓에 기내 산소 농도와 습도도 지상보다 낮단다."

💬 "고도가 높아지면 기압도 계속 떨어지나요?"

💬 "지나치게 낮아지면 위험하니 여압 장치를 이용해 기압을 유지한단다."

💬 "그런데 피곤한 것과는 무슨 상관이에요? 좁은 자리에 오래 앉아 있어야 해서 그런 거 아니에요?"

💬 "물론, 그런 점도 있어. 아까 산소 농도도 낮아진다고 했지? 산소가 부족하면 어떻게 될 것 같니?"

💬 "음, 일단 숨쉬기가 어렵겠지요?"

💬 "그래, 산소 부족은 맥박 증가, 두통, 피로감 등의 증상을 일으키기도 한단다. 더 심해지면 기압 차 때문에 중이염 같은 질병에 걸리기도 해."

고모가 다시 하품을 하며 말했어요.
- "그래서 내가 피곤한가 봐!"
- "할아버지! 어서 가요. 고모 빨리 쉬어야 할 것 같아요."

화장실에서 비행의 원리를 찾을 수 있다고요?

집으로 돌아온 민희는 계속해서 비행기에 관해 할아버지에게 물었어요.
- "할아버지, 비행기는 참 신기해요. 엄청나게 큰 기계가, 그 많은 사람을 태우고 날아가 목적지까지 안전하게 데려다주잖아요."
- "그렇지? 최신 과학 기술을 사용하기도 했지만, 사실 비행기가 날 수 있는 건 아주 기본적인 원리 때문이란다."
- "에이, 알아요. 베르누이 원리잖아요."
- "벌써 알고 있구나. 한번 설명해 볼래?"
- "비행기를 위로 밀어 올리는 힘 때문이죠. 양력이요. 날개 위와 아래를 지나는 공기의 압력이 달라서 일어나요."
- "와, 우리 민희 정말 대단한걸!"

고모가 감탄하며 말했어요.

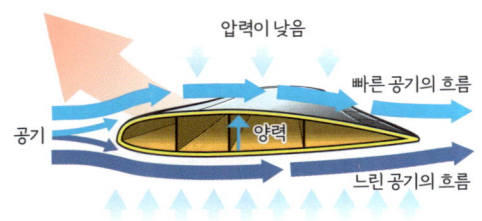

비행기가 뜨는 원리

💬 "정확해. 조금 보충하자면 날개의 모양도 조금 달라. 위는 볼록하고 아래는 평평하지. 그래서 날개 위를 흐르는 공기는 날개 아래를 흐르는 공기보다 더 빠르게 흐른단다. 곧 날개 위를 흐르는 공기와 아래를 흐르는 공기 사이에 압력 차이가 나게 되지. 그 차이만큼 비행기를 위로 밀어 올려 주는 것이란다."

💬 "아하! 공기의 흐름이 중요하네요."

💬 "집에서도 베르누이 원리를 찾을 수 있는 곳이 있지."

💬 "집에서요? 어딘데요?"

💬 "바로 화장실이란다. 샤워 커튼을 닫은 채 샤워기 물을 강하게 틀면 어떻게 될까? 직접 해 보겠니?"

민희는 샤워 커튼을 닫고 물을 세게 틀었어요. 그러자 샤워 커튼이 살짝 안쪽으로 움직였어요.

💬 "어라? 건들지도 않았는데 욕조 안쪽으로 움직여요."

💬 "바로 베르누이 원리 때문이란다. 물을 세게 틀면 욕조 안쪽은 공기의 흐름이 빨라져서 압력이 낮아져. 하지만 바깥쪽은 변함없지. 그래서 압력이 높은 바깥쪽에서 압력이 낮은 안쪽으로

커튼이 밀려 움직이는 거야."

💬 "화장실에도 베르누이 원리가 있었다니. 놀라워요."

할아버지의 편지

비열과 계절풍

민희에게

며칠 전, 네가 뜨거운 숟가락을 만져 손을 다친 일이 떠오르는구나. 오늘 할 이야기랑 상관이 있기 때문이란다. 그때 할아버지가 했던 말, 기억하니? 금속은 비열이 작아서 금방 뜨거워지고 물은 비열이 커서 천천히 뜨거워진다고 했던 것 말이다. 일정한 양의 물질을 1도($°C$)만큼 올리는 데 필요한 열량을 비열이라고 한 것도 기억하지? 이런 물의 성질 때문에 바람의 방향이 달라지기도 해.

육지보다 바닷물의 비열이 크니, 바다는 땅보다 천천히 식고 천천히 뜨거워진단다. 더운 여름날을 떠올려 보렴. 빨리 뜨거워지면 땅 위의 공기도 그만큼 빨리 뜨거워져서 더워진 공기는 위로 올라가고, 기압이 낮아져. 그 자리를 채우려고 바다에서 바람(공기)이 불어와. 반대로 겨울에 바다는 천천히 식고 육지는 빨리 식으니, 기압도 서로 바뀌지. 이번에는 육지의 기압이 바다보다 높아 육지에서 바다로 바람이 분단다. 이렇게 계절 따라 반대로 부는 바람을 '계절풍'이라고 해. 물이 가진 성질이 기후에까지 영향을 미친다니, 참 신기하지?

할아버지가

제주도 바다는 따뜻하다고요?

💬 "다녀왔습니다. 할아버지, 이것 좀 보세요."

민희가 할아버지에게 건넨 종이에는 '지성 초등학교, 제주도 수학여행'이라고 적혀 있었어요.

💬 "제주도로 수학여행을 가는구나."

💬 "네! 해수욕장에서 수영도 한대요. 시원한 바다가 기대돼요."

💬 "그래? 사실 제주도 바닷물은 다른 곳보다 더 따뜻하단다."

💬 "네? 바닷물이 따뜻하다고요?"

💬 "남쪽 바다에서 따뜻한 바닷물인 난류가 올라오기 때문이야. 제주도는 난류인 구로시오 해류의 영향으로 따뜻하지."

💬 "따뜻한 바닷물이 어떻게 남쪽에서 올라와요?"

💬 "북반구 태평양에서는 바닷물이 시계 방향으로 흐른단다. 적도 북쪽 바다를 동쪽에서 서쪽으로 흐르는 해류를 북적도 해류라 하고, 이 해류가 필리핀 바다에서 북쪽으로 올라오면 구로시오 해류라고 해. 구로시오 해류는 다시 북위 50도 정도에서 미국 쪽으로 흘러가는데, 이를 북태평양 해류라고 불러. 북태평양 해류는 미국 서해안을 타고 남쪽으로 흘러 캘리포니아 해류가 된단다."

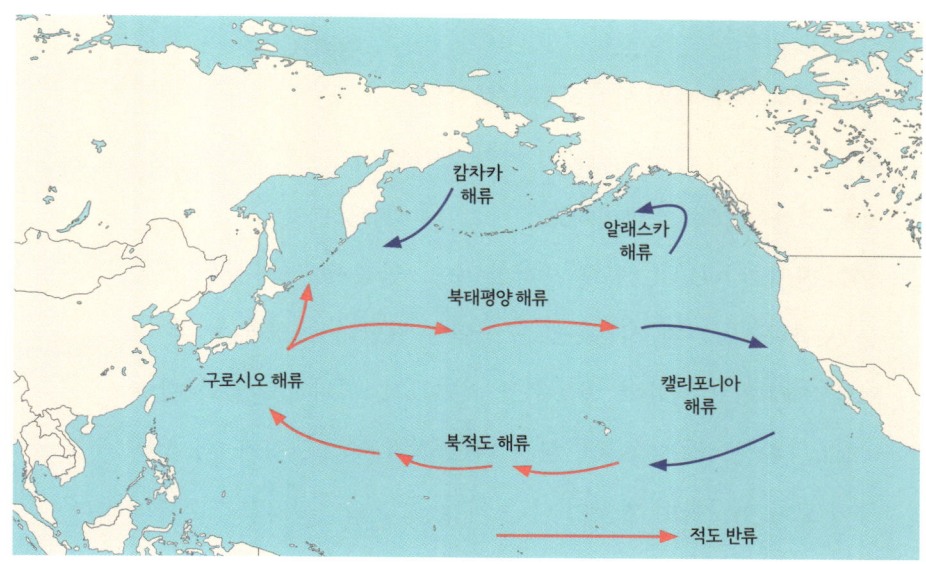

해류의 방향

💬 "결국 남쪽에서 온 따뜻한 해류 때문에 제주도 바닷물이 더 따뜻하단 거지요? 감기는 안 걸리겠네요!"

바닷물이 계속 증발해도
더 짜게 변하지 않는다고요?

할아버지는 이야기를 이어 갔어요.

💬 "예전에 바다에서 수영하다가 바닷물을 마신 적 있지? 그때

어땠니?"

💬 "어휴, 너무 짜서 뱉느라 고생했어요."

💬 "그래, 바닷물에는 염분이 녹아 있어서 아주 짜."

💬 "염분은 모두 소금이에요?"

💬 "짠맛이 나니 그렇게 생각할 수도 있겠지만, 사실은 소금을 포함한 네 가지 성분으로 구성되어 있단다. 소금은 염화 나트륨($NaCl$)이고 염분의 대부분을 차지하지. 이외에도 염화 칼슘($CaCl_2$), 황산 칼슘($CaSO_4$), 황산 나트륨(Na_2SO_4)도 있어. 이 성분들이 모여 바닷물이 짠맛이 나는 거야."

💬 "염분은 어디서 온 거예요?"

💬 "염분은 두 가지 성분이 결합해서 만들어진단다. 나트륨과 칼슘은 땅에 있는 바위가 녹아서 생긴 거야. 바위는 단단해서 녹을 것 같지 않지? 하지만 아주아주 천천히 녹는단다. 다른 성분, 곧 염소와 황산 성분은 바다에서 생겨. 더 정확히 말하면 바다 밑에서 폭발하는 화산에서 나와."

💬 "바다 밑에서 화산이 폭발한다고요? 바닷물 때문에 금방 꺼질 것 같은데."

민희는 믿을 수 없다는 표정을 지었어요.

💬 "제주도를 보렴. 제주도는 원래 바다 밑에서 터진 화산이 바다 위로 나타난 섬이야. 지금은 바다 위에 있지만 수백만 년 전에

는 바다 밑에 있었단다. 울릉도도 그렇고 독도도 마찬가지야. 하와이섬도 똑같지. 실제 대양에 있는 섬들은 거의 모두 바다 밑에서 터진 화산들이 물 위로 나타난 것이란다. 화산에서 솟아나는 용암이 워낙 뜨거워서 물도 꺼뜨리지 못해. 물론 화산 연기와 수증기는 모두 물에 녹아 보이지 않지."

💬 "할아버지, 바닷물은 계속 증발할 텐데 그럼 앞으로 계속 짜게 변하나요?"

💬 "아주 좋은 질문이구나. 바닷물이 앞으로 더 짜게 변하지는 않아. 바다에서 만들어지는 염분과 없어지는 염분이 평형을 이루기 때문이야. 지구 역사가 46억 년으로 아주 길어서, 만들어지고 없어지는 염분이 비슷해."

민희의 정리 노트

바닷물의 염분과 사해

- ✨ 바닷물 1리터에는 평균 35그램의 염분이 녹아 있음. → 35퍼밀.
- ✨ 퍼밀: 천분율, 1/1000로 기호는 ‰.
- ✨ 사해: 이름은 바다처럼 보이지만 사실은 소금 호수로, 흘러드는 강은 있지만 흘러 나가는 강은 없어서 소금이 계속 모임.
  녹아 있는 염분량은 평균 바다의 약 10배(약 342그램).
  사해의 비중은 1.24로 사람의 비중(1.0)보다 커서 사람이 물에 뜸.
  물이 아주 짜기 때문에 아주 특별한 미생물 외에는 생물이 살지 못함.

바다마다 염분의 구성비가 같다고요?

💬 "민희야! 바다의 염분은 35퍼밀이라고 했는데, 모든 바다가 똑같을까? 아니면 다를까?"

💬 "당연히 다르지요. 바다가 얼마나 넓은데 같겠어요?"

💬 "그래? 무엇 때문에 다를까?"

💬 "아무래도 강물이 흘러 들어가거나 많은 비가 내리면 그만큼 덜 짜겠지요."

💬 "보충하자면 바다에 햇볕이 내리쬐면 증발이 활발하게 일어나겠지? 그러면 염분이 높아져서 바닷물이 더 짜게 될 거야. 반면 네 말대로 많은 양의 강물이 들어오면 염분이 낮아지지. 또 극지방에서는 얼음이 녹으면서 염분이 낮아진단다. 하지만 전체 염분 중 각 염류가 차지하는 구성비는 어디서든 일정해."

💬 "네? 구성비가 일정하다고요? 그게 무슨 말이에요?"

💬 "염분은 바다나 계절에 따라 달라질 수 있어. 그러나 염분을 이루는 성분의 비율은 언제나 일정하다는 법칙이야. 예를 들면, 홍해의 염분은 보통 바다의 1.5배 정도야. 그러나 염분을 이루는 성분들의 비율은 다른 바다와 같단다."

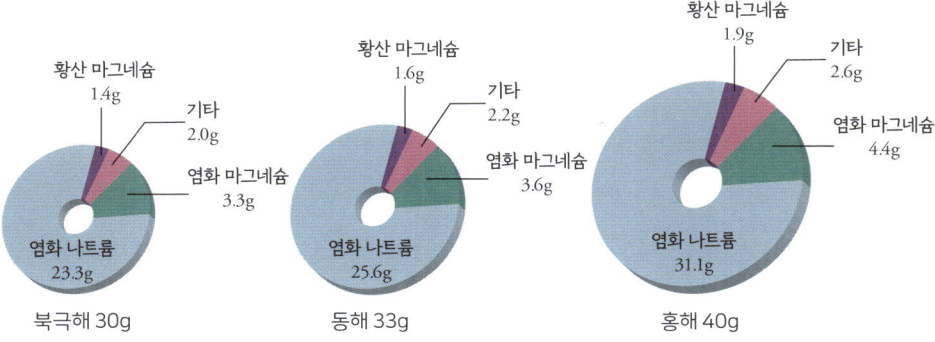

염분의 구성비_ 북극해, 동해, 홍해의 바닷물 1,000그램 속에 각각 들어 있는 염류의 질량을 나타낸 것으로 해수마다 염류가 차지하는 비율이 일정하다.

> 바다가 아주 바쁘게 움직인다고요?

민희는 수학여행을 준비하느라 아주 바빴어요. 이리저리 돌아다니며 짐을 챙겼지요.

💬 "수영복, 수영모, 갈아입을 옷은 다 챙겼고……, 아참, 소화제도 가져가야지."

💬 "우리 민희, 꼭 바쁘게 움직이는 바다 같구나."

💬 "바다가 왜 바빠요? 그냥 흐르기만 하는데."

민희는 짐을 챙기다 말고 할아버지를 바라보았어요.

💬 "그럼, 바쁘고말고. 해산물과 소금, 식수 같은 식량을 제공하고 교통로 역할도 하느라 바쁘지. 게다가 얻은 열을 지구 전체로 순환시켜 북쪽에 있는 나라가 덜 춥게 해 줘."

💬 "바쁘긴 바쁘네요."

💬 "그뿐만이 아니란다. 산소의 절반 정도는 바다에서 만들어져. 한마디로 바다가 없으면 땅에 있는 생물들이 살 수 없어."

💬 "바다가 산소를 만든다고요?"

💬 "그래. 규조류라고 하는 아주 작은 식물 플랑크톤이 산소를 만들어. 수면 가까이 사는 이 플랑크톤과 다른 해조류가 광합성을 하며 산소를 만드는 거지."

💬 "물과 빛은 있는데 이산화 탄소는 어떻게 얻죠?"

💬 "파도가 칠 때 바닷물이 공기 중에 있는 이산화 탄소를 흡수한단다. 그러니 바닷물에는 이산화 탄소가 녹아 있어 광합성을 할 수 있어."

💬 "바다는 생명의 보고라더니, 정말 맞는 말이네요."

민희는 감탄하며 남은 짐을 싸기 시작했어요.

> 지구, 달, 태양이 바닷물로 줄다리기를 한다고요?

할아버지와 민희의 제주도 바다 이야기는 계속되었어요.

💬 "민희야, 제주도 바다는 파도도 심하지 않고 조차도 크지 않지만 수영할 땐 조심해야 해."

💬 "네, 그런데 조차가 뭐예요?"

💬 "조차는 밀물과 썰물의 차이를 말한단다. 밀물과 썰물이 무엇인지는 알고 있지?"

💬 "네, 지구와 달이 서로 잡아당겨서 바닷물이 움직이는 현상 아니에요?"

💬 "그렇지. 밀물과 썰물은 지구와 달, 태양이 서로 잡아당기는 힘으로 바닷물이 오르내리면서 생겨. 바닷물은 규칙적으로 오르내리는 일을 반복하는데, 이걸 조석이라고 한단다."

💬 "태양도 관련이 있네요?"

💬 "그래, 지구는 자전하면서 태양의 주위를 돌고 달은 지구의 주위를 돌지? 자전과 공전을 하면서 각각 위치와 거리가 달라지고 잡아당기는 힘도 달라진단다. 이런 조석 현상을 일으키는 힘을 기조력이라고 불러."

💬 "어려워요. 자세히 설명해 주세요."

💬 "태양과 달 사이에 지구가 들어가면 보름이고, 태양과 지구 사이에 달이 들어가면 그믐이라고 한단다. 이때는 태양의 인력이 합쳐져서 기조력이 최대가 되는데, 이를 밀물과 썰물의 차이가 가장 큰 '사리(대조)'라고 불러."

💬 "그럼 차이가 가장 작은 때도 있겠네요?"

💬 "그렇지, 태양과 지구와 달이 직각을 이루는 상현이나 하현일 때는 인력이 서로 영향을 주면서 줄어들어 기조력이 작아진단다. 이때를 밀물과 썰물의 차가 작은 '조금(소조)'이라고 해."

💬 "태양도 영향을 미치는지는 몰랐어요."

💬 "달이 조석에 미치는 영향이 9라면 태양의 영향은 4 정도란

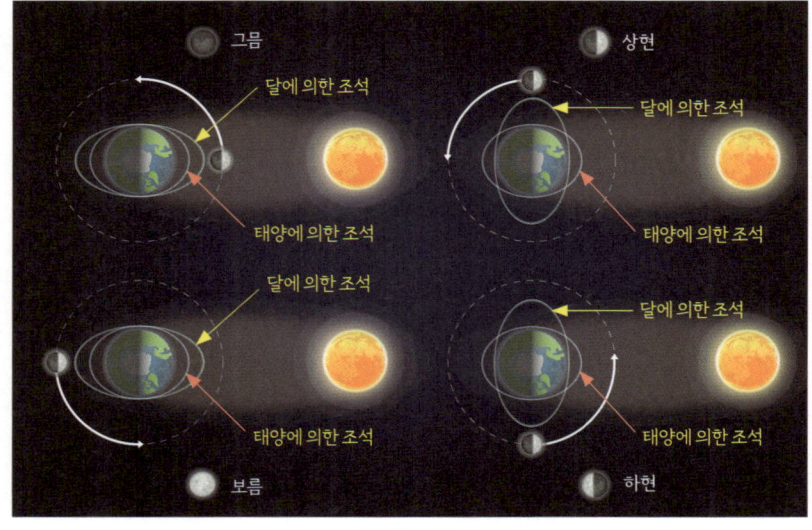

조석 현상

다. 태양이 훨씬 큰데 왜 태양의 영향은 반도 안 될까?"

💬 "더 멀리 있기 때문이겠죠?"

💬 "정답! 만유인력은 크고 가까울수록 커져. 태양은 달보다 훨씬 크지만, 지구에서 워낙 멀어서 조석에 미치는 영향은 달보다 작아."

💬 "이제 알겠어요. 파도도 약하고 조차도 크지 않지만 그래도 조심할게요."

💬 "그래, 무엇보다 안전이 먼저란다."

> 용암이 식어서
> 한라산이 만들어졌다고요?

수학여행 전날 밤, 민희는 제주도에 관한 책을 읽고 있었어요. 책에는 제주도의 먹을거리와 풍습, 자연환경 등이 자세히 나와 있었지요.

💬 "할아버지, 이번에 한라산도 간대요."

💬 "그래? 그동안 할아버지랑 뒷산에 오르며 다진 실력을 발휘할 수 있겠구나."

💬 "네, 제대로 해 볼게요."

민희는 자신 있게 대답했어요.

💬 "그런데 할아버지, 한라산이 참 예쁘게 생겼어요."

💬 "예쁘다고?"

💬 "네, 매끈매끈하게 생겼잖아요."

민희는 책을 들어 보이며 말했어요.

💬 "한라산이 경사가 완만한 순상화산이라 그렇단다."

💬 "순상화산이요?"

💬 "잘 알다시피 한라산은 용암이 식은 바위로 되어 있어. 이 용암은 이산화 규소의 양이 적어 잘 흐르지. 마치 물처럼 말이야. 그래서 한라산이 지금과 같은 모습이 된 거야."

💬 "그러면 잘 흐르지 않는 용암도 있어요?"

💬 "이산화 규소가 많이 포함된 용암은 점성이 커져서 잘 흐르지 않아. 대표적으로 백두산이 있는데, 용암이 잘 흐르지 않고 화산재와 자갈이 쌓이면서 아주 높아졌어. 이런 화산을 종처럼 생겼다고 해서 종상화산이라고 한단다."

현무암을 만드는 용암이 흘러내려 굳은 모습

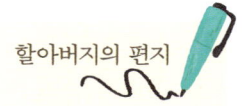

일식과 월식

민희에게

 수학여행을 앞두고 들뜬 네 모습을 보니, 할아버지도 덩달아 신이 나는구나. 네게 조차를 알려 주다가 갑자기 생각난 것이 있어 이렇게 편지로 남긴다.

 태양과 달, 지구가 서로 위치가 바뀌었던 것, 기억나지? 이 위치에 따라서 태양이 가려지거나 달이 가려지는 현상이 일어난단다. 아마 일식과 월식이란 말을 들어 봤을 거다.

 일식은 말 그대로 태양이 달 그림자에 가려지는 거야. 태양-달-지구 순서로 한 줄이 되어 달이 태양을 가리지. 월식은 달-지구-태양 순서일 때, 곧 보름달일 때 지구 그림자가 달을 가리는 거야. 더 재미있는 사실은 월식을 보면 지구가 둥글다는 것을 알 수 있단다. 달에 비친 지구 그림자가 둥글기 때문이지. 지구와 달, 태양이 계속 움직이기 때문에 완벽한 일식과 월식을 보기는 어렵단다. 그래도 검색하면 언제 일식과 월식이 일어나는지 찾을 수 있으니, 나중에 할아버지와 함께 관측해 보자꾸나.

할아버지가

3부 집에서

산성 물질 때문에 충치가 생긴다고요?

학교에서 돌아온 민희가 식탁에 앉아 간식을 먹을 때였어요. 갑자기 민희가 외마디 비명을 지르며 오른쪽 볼을 감싸 쥐었어요.

💬 "아야! 할아버지, 이가 아파요!"

💬 "충치가 생겼을지도 모르겠구나. 평소에 양치질을 제대로 하고 있니?"

💬 "그럼요. 얼마나 열심히 닦는데요. 치과 가기 싫단 말이에요."

💬 "하지만 그렇게 아플 정도면 충치가 꽤 진행된 것 같으니 치과에 가는 게 좋겠구나."

💬 "잠깐 아픈 거예요. 양치를 더 열심히 하면 벌레가 없어질 거예요."

💬 "벌레? 충치 말이니?"

💬 "네! 벌레가 이를 갉아 먹잖아요."

💬 "하하, 벌레가 직접 이를 갉아 먹는 것은 아니란다. 이 벌레들은 박테리아인데, 입 안에 남은 음식물 찌꺼기를 먹고 산성 물질을 내놓지. 이 물질이 법랑질과 상아질을 녹이고, 아주 깊숙한 곳까지 침투하는 것이 바로 충치야."

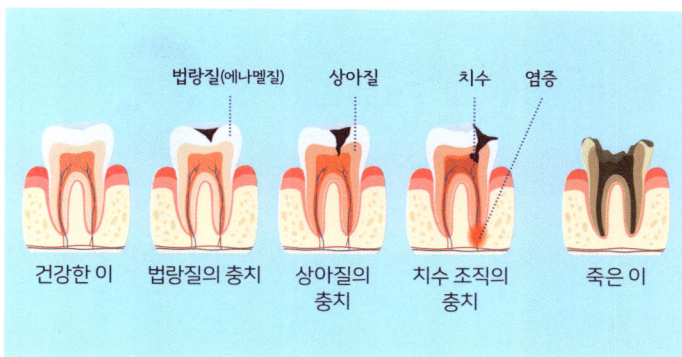

충치 진행 단계

💬 "벌레가 갉아 먹는 것이 아니라 산성 물질 때문이라고요?"

💬 "그렇지. 그러니 이를 닦을 때는 이와 이 사이를 잘 닦아야 한단다. 또 이만 닦지 말고 입천장, 혓바닥, 혀 양쪽 옆까지 꼼꼼하게 닦아야 해."

💬 "알겠어요. 앞으로는 제대로 닦을게요."

💬 "자, 이제 치과에 갈까?"

💬 "싫어요!"

민희는 두 손으로 입을 막고는 방으로 들어가 버렸어요.

잘 먹는 일이 왜 중요해요?

저녁 식사 시간, 민희는 좋아하는 반찬이 없어 밥을 제대로 먹지 않았어요.

💬 "나물에 생선만 있네, 불고기 먹고 싶은데……."

💬 "골고루 먹어야 쑥쑥 크지."

💬 "맛있는 것, 먹고 싶은 것을 먹으면 되잖아요. 그래도 자라긴 할 텐데요."

💬 "맛있는 것과 먹고 싶은 것을 먹는 것도 좋지만, 그렇게만 먹으면 꼭 필요한 영양분을 놓칠 수 있단다. 예를 들면, 포도는 껍질도 먹고 씨도 먹어야 해. 왜 그럴까?"

💬 "씨까지요?"

💬 "우리가 먹는 모든 먹을거리에는 우리 몸에 필요한 성분이 적어도 한 가지는 들어 있어. 씨에는 싹이 터서 식물이 되는 데 필요한 영양분들이 많아. 우리가 먹는 쌀, 밀, 콩, 옥수수 모두 씨란다. 그렇지?"

💬 "네, 그렇지만 치킨이나 햄버거는 매일도 먹을 수 있는걸요."

💬 "물론 그렇지. 치킨이나 햄버거에도 필요한 영양분이 있지만,

그것만 먹으면 부족하단다. 그러니 치킨도 먹고 햄버거도 먹으면서 밥과 채소, 반찬을 골고루 먹어야 해."

그래도 민희는 여전히 머뭇거렸지요.

💬 "할아버지가 이야기 하나 해 주마."

💬 "무슨 이야기요?"

💬 "할아버지가 잘 아는 의사 선생님이 수술한 환자들을 돌보는데 한 가지 이상한 점을 발견했대."

💬 "이상한 점이요? 그게 뭔데요?"

💬 "수술을 끝낸 환자 중에 식욕을 잃지 않고 잘 먹은 사람들은 별일 없이 퇴원했는데, 아무리 수술이 잘 되었어도 입맛이 없다며 밥을 잘 먹지 않은 환자들은 회복하는 데 오래 걸렸다는 거야. 이게 무슨 말일까?"

💬 "먹는 일이 정말 중요하다는 뜻이요!"

💬 "그래, 먹는 일은 우리의 건강과 곧바로 연결되는 중요한 일이란다. 이제 나물도 좀 먹어 보겠니?"

바뀐 환경에 적응하지 못하면

저녁 식사 후, 할아버지와 민희는 과일을 먹으며 이야기를 나누었어요.

💬 "민희야, 할아버지가 재미있는 이야기 하나 해 줄까?"

💬 "무슨 이야긴데요?"

💬 "옛날에 황소 두 마리가 있었어. 한 마리는 아주 부드러운 풀만 먹었고, 다른 한 마리는 부드러운 풀도 먹었지만 거친 풀도 잘 먹었지. 비가 많이 오는 해에는 부드러운 풀과 거친 풀이 많이 자라 두 마리 모두 배불리 먹을 수 있었단다."

💬 "그렇지요. 먹이가 충분하니까요."

💬 "그런데 오랫동안 비가 오지 않아 날이 아주 가물었어. 그 바람에 부드러운 풀이 나지 않았지. 반면 거친 풀은 잘 났단다. 두 마리는 어떻게 되었을까?"

💬 "음, 부드러운 풀을 먹던 소가 거친 풀을 먹었나요?"

💬 "아니. 부드러운 풀과 거친 풀을 모두 먹던 소는 부드러운 풀이 없어도 살아남았지만, 안타깝게도 부드러운 풀을 먹던 소는 굶어 죽고 말았단다. 거친 풀에 적응하지 못한 거야."

💬 "평소에 거친 풀도 먹었다면 죽지 않았을 텐데!"

💬 "그래. 소든 사람이든 식성이 좋아야 건강하고 잘 살아갈 수 있단다. 우리가 살아가는 장소와 시간이 항상 우리에게 좋을 수만은 없어. 좋을 때도 있고 나쁠 때도 있지. 그러니 어떠한 환경에서도 살 수 있어야 생명을 이어 갈 수 있단다. 이렇게 주변의 변화와 상관없이 잘 사는 것을 '환경에 적응한다'라고 말해. 사람을 비롯한 모든 생물은 처한 환경에 적응해야 살아남을 수 있어. 그렇지 않으면 결국 사라지고 말 거야. 환경이 바뀌면 생물도 달라져야 하는 거지."

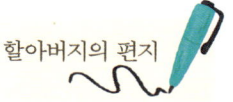
할아버지의 편지

환경에 적응한 물고기

민희에게

어느 환경에 사는 생물이든 적응이라는 과정은 매우 중요하단다. 물고기도 마찬가지야. 예를 들어 광어나 도다리(가자미) 눈은 한쪽으로 몰려 있어. 천적을 피해 바닥에 숨어 위를 쳐다보며 살기 때문이란다. 이렇게 생물이 주위 환경에 적합하도록 적응하는 과정을 통해 생태계가 지금까지 유지될 수 있는 거야. 자연은 참 신비롭지?

할아버지가

공기가 열을 차단한다고요?

　날씨가 점점 더워지자 민희는 에어컨 앞을 떠날 줄 몰랐어요. 일기예보에서는 연일 불볕더위에 대비해야 한다고 했지요.
💬 "너무 더워요. 에어컨을 켜도 더워요."
💬 "민희는 추운 계절과 더운 계절 중 언제가 더 좋니?"
💬 "저는 차라리 더운 계절이 나아요. 추운 건 정말 싫거든요."
💬 "그래도 겨울에 두꺼운 외투를 입거나 장갑을 끼면 춥지 않지? 혹시 왜 그럴까, 생각해 본 적 있니?"
💬 "옷이 두꺼우니까요. 특별한 이유가 있어요?"
💬 "그럼, 있고말고. 옷을 입거나 장갑을 끼면 그 사이에 공기층이 만들어져서 춥지 않게 해 준단다."
💬 "공기층이 있다고 덜 추워요?"
💬 "옷이나 장갑 사이에 생긴 공기층이 움직이지 않고 갇힌 상태가 되면 정체된 공기는 더는 열을 전달하지 않는단다. 이는 공기층의 바깥쪽과 안쪽의 기온 차가 커진다는 뜻이야. 바깥쪽이 영상 20도(℃)라고 해도 옷 안쪽은 영상 25도(℃) 정도 되지. 물론 공기층이 두꺼우면 두꺼울수록 온도 차는 더 벌어진단다. 그래서

두툼한 장갑이 얇은 장갑보다 손이 덜 시리지."

💬 "그렇다면 공기층이 많을수록 더 따뜻하겠네요?"

💬 "맞아. 옷을 겹쳐 입어서 옷과 옷 사이에 공기층이 여러 겹 생기면, 두꺼운 옷 한 벌보다 더 따뜻해. 신문지를 몇 겹씩 덮거나, 산에서 밤에 낙엽을 덮어 추위를 이기는 것도 마찬가지 원리야. 또 눈 더미 안쪽이 춥지 않은 것도 눈 결정 사이에 있는 공기 덕분인 거지."

💬 "공기가 열을 잘 전달하지 않아서인가 봐요."

💬 "그래, 이렇게 공기처럼 열이 전달되지 않게 하는 것을 단열이라고 한단다. 그리고 그런 물질을 부전도체라고 해."

할아버지는 민희 방 창문을 가리켰어요.

💬 "유리가 여러 겹으로 된 창문을 본 적 있지? 이런 창문은 창과 창 사이의 공기층이 움직이지 않아 열을 빼앗기지 않게 해 준단다. 바깥이 영하인데도 집 안이 따뜻하게 유지되는 원리지."

💬 "여름에 에어컨을 켰을 때 계속 시원한 것도 마찬가지겠네요?"

💬 "그렇지. 그래서 지금 우리 집이 이렇게 시원한 거란다."

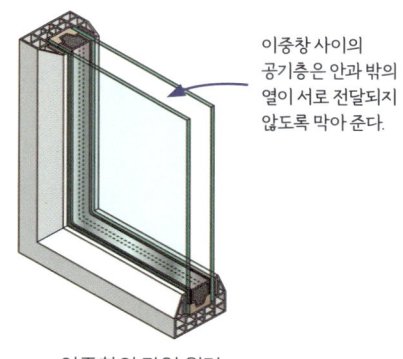

이중창 사이의 공기층은 안과 밖의 열이 서로 전달되지 않도록 막아 준다.

이중창의 단열 원리

저체온증이 그렇게 위험한가요?

💬 "할아버지! 한라산에 119가 출동했대요!"

💬 "갑자기 무슨 말이니?"

💬 "비가 오는 데 등산했다가 저체온증에 걸렸는데, 모두 구조되었나 봐요. 그런데 저체온증이 뭐예요?"

💬 "몹시 추운 날, 바람까지 불면 어떻게 느껴지니?"

💬 "더 추워요."

💬 "그래! 더 추워. 예를 들어 기온이 0도(°C)인데 바람이 초속 5미터로 불면, 사람이 느끼는 온도는 영하 16도(°C)쯤 된단다. 이렇게 몸으로 느끼는 온도를 체감 온도라고 해. 체감 온도는 주로 바람의 영향을 받는데, 바람이 강하게 불면 체감 온도가 낮아져서 더 춥게 느껴. 왜 그럴까?"

💬 "글쎄요."

💬 "사람은 피부에서 추위와 더위를 느낀단다. 그래서 바람이 불면 피부를 통해 몸의 열을 빼앗기고 점점 추워지게 돼. 체감 온도가 낮아지면 간, 심장, 신장, 폐와 같은 신체 기관의 온도도 낮아지지."

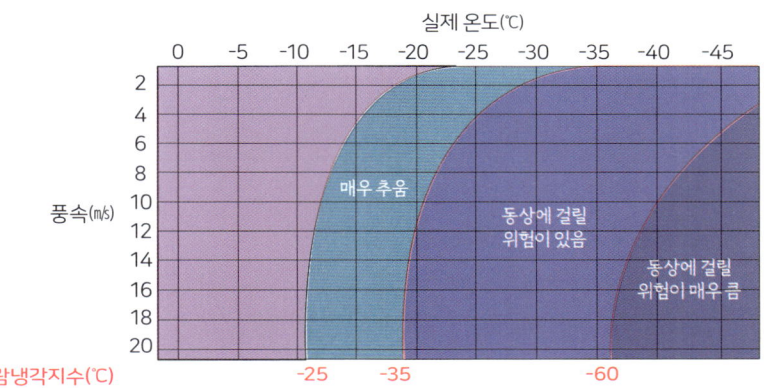

실제 온도와 풍속으로 계산한 바람냉각지수와 그에 따라 달라지는 체감 현상

💬 "몸이 점점 어는 거예요?"

💬 "비슷해. 장기 온도가 내려가면 제대로 설 수도 없고 말도 못 하게 돼. 또 잠이 오기 시작하고 숨을 쉬기 어려워지지. 이게 바로 저체온증 증상이야."

💬 "아, 그래서 비를 맞은 등산객들의 체온이 떨어진 거군요?"

💬 "그렇지. 물속에서도 마찬가지야. 바닷물이 따뜻하더라도 체온보다는 낮지? 그래서 물속에 오래 있으면 입술이 파랗게 변하고 피부가 창백해지면서 저체온증이 오기도 한단다."

💬 "할아버지, 그렇다면 옷을 입고 수영하면요? 수영복을 입잖아요."

💬 "옷이나 수영복을 입으면 열을 천천히 뺏기기 때문에 덜 위험

하단다. 그래도 빨리 물에서 나오는 것이 좋겠지?"

민희의 정리 노트

피부와 수분

★ 몹시 추운 곳에서 손이 손잡이에 붙는 이유
손바닥에 있는 수분이 얼기 때문 → 영하의 기온에서 손의 수분이 열을 빼앗겨 얼어붙음.

★ 사람 피부에서는 수분이 항상 나옴. 따라서 손바닥에서 수분을 완전히 제거하는 것은 불가능하며, 박물관이나 도서관에서 아주 오래된 책을 다룰 때는 반드시 장갑을 껴야 함.

물질마다 열을 뺏고 뺏기는 정도가 다르다고요?

💬 "아! 도저히 무슨 말인지 모르겠네!"

과학 숙제를 하던 민희는 한숨을 내쉬었어요.

💬 "무슨 문제길래 한숨을 쉬고 그러니? 할아버지에게 물어보렴."

민희는 할아버지에게 숙제에 나온 문제를 보여드렸어요.

> 과학

다음 실험 결과를 보고 알 수 있는 사실을 적으세요.
- 뜨거운 물이 든 비커에 같은 크기의 버터 조각을 놓은 구리판, 유리판, 철판을 동시에 넣었더니, 구리판, 철판, 유리판 순서로 버터가 빨리 녹았다.
- 뜨거운 물이 든 비커에 열 변색 붙임 딱지를 붙인 구리판, 유리판, 철판을 동시에 넣었더니, 구리판, 철판, 유리판 순서로 색깔이 변했다.

💬 "자, 우리 직접 실험해 볼까? 똑같은 재료는 없지만 간단하게 해 볼 수 있단다."

할아버지는 그릇에 뜨거운 물을 담고, 쇠숟가락과 나무젓가락을 넣었어요. 잠시 후, 민희에게 쇠숟가락과 나무젓가락을 만져 보라고 하셨지요.

💬 "민희야, 어느 것이 더 뜨겁니?"

💬 "쇠숟가락이요. 나무젓가락은 뜨겁지 않아요."

💬 "그래, 이 말은 금속이 나무보다 열을 빨리 전달한다는 뜻과 같단다. 금속이 나무보다 더 빨리 열을 전달해서 금방 뜨거워진 거야."

💬 "그러면 문제의 실험도 비슷하겠네요?"

💬 "분명 같은 크기의 버터를 사용했는데, 구리판이 더 빨리 녹

았다는 것은 구리판에 열이 더 빨리 전달되었다는 뜻이야."

💬 "그러면 구리판, 철판, 유리판 순서로 열이 전달된다는 뜻이네요. 그래서 녹는 속도도 다르고요."

💬 "그렇지! 열 변색 붙임 딱지도 마찬가지인 걸 알겠지? 이렇게 물질은 종류에 따라 열이 이동하는 속도가 다르단다. 이게 바로 열전도율이야."

민희의 정리 노트

열전도율

★ 열전도율: 열이 이동하는 빠르기.
★ 은, 구리, 금, 철 등의 금속 물질은 열전도율이 크고, 나무, 고무, 유리, 천 등의 비금속 물질은 열전도율이 작음.

물질이 열을 받으면 늘어난다고요?

할아버지는 설명을 이어 갔어요.

💬 "물질은 열전도율도 다르지만, 열을 받으면 늘어나는 정도도

다르단다."

💬 "열을 받으면 늘어난다고요?"

💬 "열을 받으면 물질을 이루는 분자 운동이 활발해져. 그래서 분자 사이의 거리가 멀어지고, 길이나 부피가 증가하지. 이런 현상을 열팽창이라고 불러."

💬 "어떤 물질이 더 많이 늘어나고 줄어들어요?"

💬 "분자 운동이 자유로운 순서를 따라가. 그래서 기체, 액체, 고체 순으로 열팽창 정도가 다르단다."

💬 "와, 기체와 액체는 상상할 수 있는데 고체도 늘어날 수 있다니 신기해요."

💬 "주변에서 쉽게 볼 수 있어. 다리나 철로를 보면 이음새에 틈이 있지? 만일 틈이 없다면 더운 여름날, 철로가 팽창해서 결국 휘어지고 말 거야."

💬 "그래서 틈을 만들어서 사고를 막는 거고요. 또 다른 예도 있어요?"

💬 "치과에서도 볼 수 있어. 충치 치료할 때 사용하는 충전재도 사람의 치아와 열팽창 정도가 비슷한 물질을 사용해."

💬 "지금 제 이를 채운 것처럼요!"

> 멈춰도 계속 움직이려 하는 성질이 있다고요?

　화창한 오후, 민희는 친구들과 함께 미술 숙제를 하기 위해 모였어요. 민희와 친구들은 자동차 안전을 주제로 포스터를 그리기로 했지요.

💬 "자동차 안전이라 하면 가장 먼저 안전띠가 떠올라."

💬 "나도 그래. 안전띠를 꼭 매자고 쓰자."

💬 "그런데 안전띠를 매지 않으면 어떻게 될까?"

　선아의 질문에 민희는 머뭇거렸어요.

💬 "우리 할아버지가 알려 주실 거야!"

　아이들은 숙제하다 말고 할아버지에게 갔어요.

💬 "할아버지, 안전띠를 매는 게 왜 중요해요?"

💬 "안전띠는 우리 몸을 붙잡아 준단다. 만일 매지 않으면 어떻게 되겠니?"

💬 "차가 갑자기 멈췄을 때 몸이 앞으로 튕겨 나가서 다칠 수 있어요."

💬 "그렇지. 움직이는 모든 물체는 계속 운동하려는 성질이 있단다. 그런데 차가 갑자기 멈추면, 차는 더 움직이지 않지만 우리 몸

은 운동을 계속하려고 해. 그래서 앞으로 쏠리는 거야. 이런 성질을 물체의 관성이라고 해."

💬 "달리다가 갑자기 멈추면 앞으로 엎어지는 것처럼요."

💬 "그러면 자동차가 회전할 때 우리 몸이 바깥쪽으로 기울어지는 건 왜 그럴까?"

💬 "흠, 글쎄요."

💬 "그건 원심력 때문이란다. 자동차가 회전 운동을 할 때, 중심으로 잡아당기는 힘에 반대 방향으로 힘이 작용해서 그렇게 느껴지는 거야. 그 힘을 원심력이라고 해."

💬 "놀이기구 탈 때도 그랬어요. 마치 밖으로 날아가 버릴 것 같았거든요."

💬 "그래. 만약 너희가 승용차나 택시를 탔는데, 안전띠를 매지 않는다거나 문을 잠그지 않으면 아주 위험하겠지? 차가 돌아가서 몸이 반대쪽으로 움직이는데, 갑자기 문이 열리면 밖으로 떨어질 수도 있을 테니까 말이다."

💬 "네, 안전띠는 생명띠니까요. 꼭 해야지요."

💬 "자동차뿐만이 아니란다. 쇼트트랙이라는 경기에서도 선수들은 아주 빠른 속도로 빙판 위를 돈단다. 이때 몸을 최대한 안쪽으로 눕혀서 원심력에 따라 밖으로 끌려 나가는 것을 막지. 그렇지 않으면 밀려 나갈 테니 말이다."

아이들은 고개를 끄덕이며 말했어요.

💬 "아하! 이제 알겠어요. 할아버지, 감사합니다."

민희의 정리 노트

원심력과 구심력
- ⭐ 원심력: 물체가 원운동을 할 때, 바깥 방향으로 밀리는 것처럼 느껴지는 힘, 구심력과 반대 방향으로 작용하는 가상의 힘.
- ⭐ 구심력: 물체가 원운동을 할 때 필요한 힘, 원의 중심 방향으로 나아가려는 힘.

체급을 나누는 이유가 있나요?

민희의 사촌 오빠는 태권도 선수예요. 오늘은 오래 준비해 온 경기가 있는 날이었지요. 할아버지와 다른 가족 모두 텔레비전 앞에 모여 앉았어요. 곧 사촌 오빠가 나왔고, 이름 옆에는 '68kg급'이라고 쓰여 있었어요.

💬 "할아버지, 68킬로그램급이 뭐예요?"

💬 "아, 그건 몸무게를 기준으로 체급을 나눈 것이란다."

💬 "체급이요?"

💬 "스포츠 경기를 할 때, 비슷한 몸무게를 가진 사람들끼리 경기를 하도록 나눈 걸 말해. 만약 서로 몸무게 차이가 많은 선수끼리 경기를 하면 어떻게 되겠니?"

💬 "아무래도 몸무게가 더 무거운 선수가 이길 것 같아요."

💬 "그래, 태권도나 유도, 권투 같은 격투기 종목에서 주먹이나 발로 때리는 힘은 몸무게가 무겁고 속도가 빠를수록 더 강하단다. 몸무게가 많이 나가는 선수가 빠른 속도로 주먹을 날리면 그 충격이 가벼운 선수가 때리는 것보다 훨씬 크지."

💬 "그래서 몸무게가 비슷한 사람끼리 경기를 하는군요."

💬 "맞아, 이렇게 무게와 속도를 모두 고려한 것을 물리학에서는 운동량이라고 부른단다. 운동량이 많을수록 맞은 상대는 충격이 더 크겠지?"

💬 "네, 오빠가 오늘 이기려면 더 세게 차고 더 빨리 움직여야겠네요."

얼음이 아니라 물 위를 미끄러지는 거라고요?

오빠의 경기가 끝나고 채널을 돌리던 민희는 피겨 스케이팅 경기가 방영되는 것을 보았어요. 경쾌한 음악과 함께 선수는 아름답게 점프하고 빠르게 회전했지요.

💬 "할아버지, 저 선수 좀 보세요. 어쩜 저렇게 부드럽게 움직일까요?"

💬 "그건 물 위를 미끄러지기 때문이란다."

💬 "네? 물이라니요. 얼음이잖아요."

민희는 당황한 표정으로 할아버지를 쳐다보았어요.

💬 "물론 얼음은 맞지. 스케이트 날은 매우 날카롭지? 이 날카로운 날이 얼음을 누르면 얼음이 녹고, 얼음 표면에 보이지 않을 정도로 얇은 물로 된 층이 만들어진단다. 그래서 선수들이 부드럽게 얼음판 위를 달릴 수 있는 거야."

💬 "제가 겨울에 빙판에서 자꾸 넘어진 것도 결국 물 때문이었군요."

스케이트 날이 얼음을 눌러 압력이 높아지면 얼음이 녹아서 물이 된다.

밝은 곳에서도 눈이 피곤해진다고요?

💬 "텔레비전을 너무 오래 봤나 봐요."

민희가 눈을 비비고 깜빡였어요. 거울을 보니 눈이 살짝 빨갰어요.

💬 "오늘은 그만 보는 게 좋겠다. 눈 건강은 중요하니 말이다."

💬 "네, 할아버지. 그런데 요새 눈이 많이 나빠진 것 같아요."

💬 "안과에 가서 검사해 봐야겠구나."

💬 "안경을 쓰긴 싫은걸요."

💬 "너도 알다시피 많은 정보가 눈을 통해 들어오기 때문에 눈은 아주 중요한 기관이란다. 게다가 눈은 천천히 나빠지는데, 알아차렸을 때는 이미 많이 나빠졌을 수도 있어."

민희는 입을 삐죽거리며 말했어요.

💬 "지금부터 눈 건강을 지키면 되잖아요."

💬 "민희야, 왜 눈도 휴식을 취해야 하는지 아니?"

💬 "잘 모르겠어요."

💬 "피곤해진 눈은 휴식을 통해 빠르게 회복되어야 해. 그렇지 않으면 눈동자를 움직이는 근육이 지쳐서 빨리 움직이지 못하지.

그러면 초점도 잘 맞지 않고 물체도 잘 보이지 않는단다."

💬 "우리 몸이 피곤하면 눈도 피곤하겠네요?"

💬 "그럼. 특히 어두운 곳에서 책을 읽거나 스마트폰, 태블릿 PC, 게임 등을 할 때 많이 피곤해져. 어두운 곳에서 화면을 보느라 눈 근육이 그만큼 더 많이 일하기 때문이지. 민희 너도 이불 속에서 스마트폰 볼 때가 많지?"

💬 "앗, 이제 안 할 거예요. 그럼 밝은 곳에서는 괜찮나요?"

💬 "꼭 그런 것은 아니란다. 아무리 밝은 곳이어도 밝기가 자주 변하는 곳에서 무언가를 보면 눈은 쉽게 피로해져. 주변 밝기에 맞추어 눈의 근육이 쉬지 않고 움직이기 때문이야."

💬 "알겠어요, 눈 건강을 위해서 생활 습관을 바꿀게요!"

민희의 정리 노트

눈을 해치는 블루 라이트

⭐ 블루 라이트: 텔레비전 화면이나 컴퓨터 모니터, 스마트폰이나 태블릿 PC 등의 화면에서 나오는 파란 계열의 빛.

⭐ 블루 라이트는 수면에 방해가 되며 눈 건강에 좋지 않은 영향을 미침.

⭐ 눈 건강을 위한 습관
  ① 주변 밝기와 모니터 또는 화면의 밝기가 같게 만들기.
  ② 숲이나 초록색과 같은 눈이 편한 색상 많이 보기.
  ③ 하루 중 몇 분씩 눈을 감고 휴식 취하기.

⭐ 전자 눈: 눈동자에 비치는 신호로 모양과 색깔, 크기를 구분할 수 있게 만든 인공눈으로 지금은 큰 흑백 글자를 희미하게 구별하는 수준임.

번개 때문에 땅이 녹는다고요?

저녁을 먹는데, 비가 내리기 시작하더니 굉음과 함께 천둥 번개가 쳤어요. 큰 소리에 깜짝 놀란 민희는 두 눈을 질끈 감았어요.
💬 "다 큰 줄 알았더니, 아직도 어린아이구나."
💬 "할아버지, 천둥은 소리가 너무 크고 번개는 혹시라도 우리 집에 떨어질까 무섭단 말이에요."
💬 "네 말도 일리가 있구나. 번개가 칠 때는 높은 곳이나 아무것도 없는 곳을 피하는 게 우선이야. 큰 나무 아래도 피해야 하지."
💬 "그럼 집에서는요?"
💬 "집에서는 가전제품의 플러그를 뽑는 등 전기를 사용하는 제품을 쓰지 않는 게 좋아. 또 번개가 칠 때는 가전제품에 손을 대지 말아야 한단다. 감전될 위험이 있기 때문이야."
💬 "번개가 땅으로 떨어지면요?"
💬 "땅이 녹아. 정확히 말하면 땅에 있던 모래 같은 광물질이 녹아 약 1~2미터 길이의 가늘고 긴 파이프 모양 돌이 생기지. 이 돌을 섬전암이라고 해. 번개가 자주 치는 곳에서 쉽게 발견할 수 있단다."

번개가 만드는 돌, 섬전암

💬 "번개 때문에 땅이 녹을 수 있다니, 전 번개가 치면 무조건 숨을 거예요."

💬 "아까 말한 것들만 조심하면 괜찮단다. 이제 밥을 마저 먹자꾸나."

민희는 남은 밥을 국에 말아 후루룩 먹었어요.

개의 조상이 늑대라고요?

오늘 민희는 동생과 할아버지와 함께 공원으로 산책을 나왔어요. 더운 날이었지만, 많은 사람이 나와서 운동을 하고 있었어요. 주인을 따라 산책을 나온 강아지도 많았지요.

💬 "할아버지, 우리도 강아지 키우면 좋겠어요. 사람도 잘 따르고 귀엽잖아요."

💬 "민희야, 강아지가 왜 사람을 잘 따르는지 아니?"

💬 "음, 글쎄요? 주인이 강아지에게 잘 대해 주니까 아닐까요?"

💬 "하하, 틀린 말은 아니구나. 개는 유럽에서 적어도 1만 5000년 전에 사람과 친구가 되었을 거로 추정한단다. 사람이 농사를 짓기도 전이지. 연구 결과에 따르면, 개는 회색 늑대의 한 종에 속한다고 해."

💬 "오래전부터 함께한 사이네요."

💬 "개는 가축이 된 늑대나 마찬가지야. 그래서 야생동물의 습성이 아직 남아 있어."

💬 "야생동물의 습성이요?"

💬 "개와 늑대의 유전자 일치도는 99.96퍼센트로 차이가 겨우

0.04퍼센트밖에 되지 않아."

💬 "생김새는 참 다른데 유전적으로는 비슷하네요."

💬 "사회화 시기라던가 사냥 본능, 서열에 따른 지배 본능 등은 여전히 남아 있어. 민희야, 개와 늑대의 차이점을 알고 있니?"

💬 "음, 글쎄요. 늑대가 더 무섭다……?"

💬 "하하, 늑대가 좀 더 무섭긴 하지? 둘을 잘 살펴보면 늑대는 꼬리를 항상 밑으로 내리고 있지만, 개는 꼬리를 세우기도 하고 늘어뜨리기도 해."

💬 "그런 차이가 있군요."

💬 "또 사람과 오래 살면서 식성도 달라졌단다. 고기를 먹던 육식동물이 돼지처럼 잡식동물이 되었지."

> 강아지가 사람을 좋아하는 이유가 유전자 때문이라고요?

그때, 강아지 한 마리가 민희에게 다가왔어요. 민희가 손을 뻗자 강아지는 민희의 손을 핥으며 애교를 부렸어요.

💬 "할아버지, 강아지가 저를 좋아하나 봐요. 늑대랑 다르게 개는 사람을 참 좋아해요. 왜 그런 걸까요?"

💬 "개가 사람과 오랫동안 함께 살면서 늑대의 야수성이 없어지고 사람이 좋아하는 개의 성질이 새로 생겼기 때문이야. 야수성이 많이 남은 개는 늑대에 가깝단다. 반면 야수성보다 개의 성질이 더 많은 개는 사람과 살기 더 쉽지. 모두 늑대와 개의 유전자를 연구해서 알아낸 것이란다."

그때 강아지가 민희를 향해 왕왕 짖었어요.

💬 "강아지가 왜 짖을까요? 강아지랑 말이 통하면 좋을 텐데."

💬 "사실 개나 고양이 같은 반려동물과 소나 돼지, 말 같은 가축과 야생동물은 모두 감정이 있고 나름대로 말을 한단다. 그러므로 같은 동물끼리는 의사소통하는 데 문제가 없어. 다만 사람이 그 말과 감정을 이해하지 못할 뿐이지."

💬 "강아지 키우는 친구한테 들었는데, 요새는 반려견이나 반려묘 통역 애플리케이션이 많이 나와 있대요."

💬 "그것참 재미있겠구나."

💬 "우리도 한 마리 키우면 안 돼요? 고양이도 좋아요!"

💬 "동물을 키우는 일이 생각보다 쉽지 않은데도 키우겠니?"

💬 "그럼요! 예쁜 옷도 입히고 모자도 씌울 거예요. 이 사진 좀 보세요."

민희는 스마트폰 사진첩에서 강아지 한 마리가 산타 복장을 하고 찍은 사진을 보여 주었어요.

💬 "정말 귀엽지요?"

하지만 할아버지는 쓴웃음을 지었어요.

💬 "강아지는 야생동물이란다. 처음부터 옷을 입고 살도록 태어난 게 아니야. 예쁘게 보이라고 입히는 거지. 딱히 강아지에 좋을 것은 없단다. 말은 못 하지만 답답하고 불편할 거야."

💬 "그렇게 생각해 본 적은 없어요. 그냥 예쁘다고만 생각했어요."

💬 "동물을 키우기 전에 어떤 마음가짐으로 기를지, 또 우리 생각만 고집하지 말고 정말 동물을 위한 것이 무엇인지 생각하는 게 좋겠지?"

💬 "알겠어요, 할아버지. 조금 더 고민해 볼게요!"

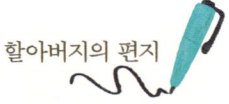

할아버지의 편지

사람을 구한 개

민희에게

알다시피 개는 아주 똑똑한 동물이야. 오늘은 민희가 좋아할 만한 이야기를 해 줄게. 1925년, 알래스카의 작은 마을 놈(Nome)에 디프테리아가 퍼졌단다. 약이 필요했지만 단 한 대뿐이었던 경비행기는 엔진이 얼어붙어 시동이 걸리지 않았어. 게다가 그땐 제대로 된 도로도 연결되기 전이었지.

> 그때 혜성처럼 등장한 동물이 바로 개였단다. 썰매꾼 20명과 150마리의 썰매 개가 팀을 꾸려 릴레이로 약을 전달한 거야. 영하 30~40도(℃)의 차가운 눈보라를 뚫고 1,100킬로미터를 달려 약을 운반했지. 뉴욕 센트럴파크에는 마지막 40킬로미터를 달린 개 발토의 동상이 세워져 있어. 엄청나지? 이 이야기가 2019년, 리더였던 썰매 개의 이름을 따서 <토고>라는 영화로도 만들어졌으니, 나중에 함께 보면 좋겠구나.
>
> 할아버지가

DNA 속에 우리 몸의 정보가 들어 있다고요?

한참을 이야기하던 중, 고양이 몇 마리가 수풀 근처에서 어슬렁거리며 나왔어요.

💬 "아이, 귀여워라. 고양이들이 똑같이 생겼어요."

💬 "어미 고양이와 새끼인가 보구나."

새끼 고양이들은 어미 고양이와 털빛은 조금 달랐지만, 얼룩

무늬는 마치 복사한 것처럼 똑 닮아 있었지요.

💬 "새끼 고양이가 어미 고양이를 닮았지? 어미의 모습이 유전된 거란다. 유전이란 DNA(디엔에이)에 의해 부모의 특징이 자식에게 전달되는 것을 말해."

💬 "DNA가 뭔데요?"

💬 "DNA는 유전자의 본체란다. 유전자는 생명의 설계도로 부모의 특징이 기록된 정보 묶음이지. 그 정보가 담긴 상자를 DNA라고 해."

💬 "DNA는 어떻게 생겼어요?"

💬 "두 개의 줄이 서로 꼬인 모습인데, 이를 이중나선 구조라고 한단다. 이 두 줄은 서로 짝인 염기로 결합해 있어."

💬 "염기요?"

💬 "DNA를 구성하는 물질을 염기라고 해. 인산과 당 그리고 아데닌, 구아닌, 티민, 사이토신의 4가지 염기로 이루어져 있단다. 염기는 두 개씩 쌍으로 결합하지."

💬 "제 곱슬머리도 엄마로부터 온 거지요?"

💬 "맞아. 키나 머리카락 모양과

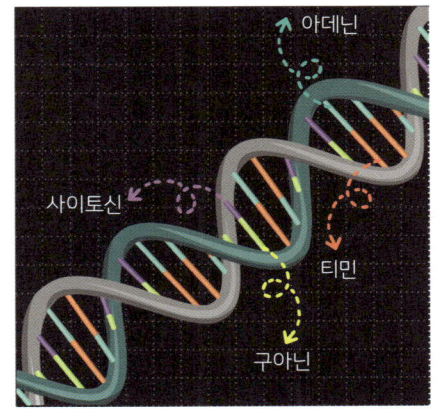

이중나선 구조로 된 DNA

색깔, 눈동자와 피부의 색깔 같은 온갖 신체 특징들이 부모에게서 자식에게로 전달된단다. 모두 유전자로 인해 결정되는 거야."

💬 "모든 생물이 부모로부터 특별한 성질을 물려받나요?"

💬 "그래서 모양이나 크기가 같은 생물이 없단다. 모두 유전자 정보가 다르기 때문이지."

민희는 고양이들이 장난치는 모습을 보며 흐뭇하게 웃었어요.

할아버지의 편지

고양이는 언제부터 사람과 함께 살았을까?

민희에게

동물을 키우고 싶다는 네 의견을 같이하지 못해 미안하구나. 강아지도 귀엽고 고양이도 예쁘지만, 생명을 데려와 키운다는 것은 쉽지 않은 일이거든. 저번에 강아지 이야기를 했으니, 오늘은 고양이 이야기를 해 줄게.

고양이는 중동 지방에서 약 9,500년 전에 사람과 함께하기 시작했어. 개는 사람이 데려와서 길들였지만, 고양이는 스스로 사람을 찾아왔단다. 사람이 쌓은 곡식더미에 모여든 쥐를 잡아먹으려고 왔다가 사람 눈에 띄어서 함께 살게 되었다는 거야. 그러다가 점점 가축화해서 지금의 반려동물이 된 거지. 동물을 기르고 싶은 네 마음은 이해하지만, 민희가 좀 더 자라서 스스로 많은 것을 할 수 있고 책임감 있게 동물을 기를 수 있는 준비가 되면 그때 다시 이야기하자.

할아버지가

물이 바위를 깬다고요?

민희는 공원 옆 놀이터에서 동생이 친구들과 모래놀이하는 것을 보았어요.

💬 "민희도 어렸을 때는 모래놀이를 참 좋아했는데, 기억나니?"

💬 "제가요? 잘 기억이 안 나요."

💬 "준희가 모래를 먹으려는 걸 네가 말리다 다 뒤집어쓰기도 했던 일은?"

💬 "그건 기억나요. 삽으로 퍼먹으려는 걸 제가 막았지요."

민희가 동생을 보고 웃으며 말했어요.

💬 "그런데 할아버지, 이 모래는 전부 어디서 온 거예요? 어떻게 만들어지는지 궁금해요."

💬 "이 모래는 아주 오랜 시간에 걸쳐 바위가 깨지고 깨져서 만들어진 거야."

💬 "바위가 깨진다고요? 그럼 엄청나게 센 힘이 필요하겠네요."

💬 "민희 생각엔 바위가 어떻게 깨졌을 것 같니?"

💬 "음, 이리저리 구르다가요."

💬 "하하, 재미있는 대답이구나. 부서지는 이유는 여러 가지가

있어. 이 중 바람이나 물, 사람이나 식물 뿌리, 기온 변화 때문에 깨지는 것을 기계적 풍화라고 해. 물에 의한 화학 반응으로 녹고 깨지는 것을 화학적 풍화라고 하지."

💬 "물이요? 물 때문에 바위가 깨진다고요?"

💬 "그래, 기온이 낮아지면 바위틈으로 들어간 물이 점점 얼기 시작하고 결국 부피가 커지면서 바위를 깬단다. 게다가 물속에 녹아 있던 성분이 바위 성분과 반응해 바위를 녹이기도 하지. 예를 들어, 장석이라는 광물은 물에 녹아서 점토 광물이 된단다."

💬 "바닷가에 있는 모래도 이 모래랑 같아요?"

민희는 놀이터의 모래를 발로 헤치며 말했어요.

💬 "바닷가의 모래는 풍화되고 남은 마지막 물질이야. 대부분 모래는 석영 알갱이인데, 반투명하고 아주 단단해. 우리나라 바닷가에 있는 모래 대부분은 석영이야. 이외에도 산호나 조개껍데기가 부서져서 만들어진 모래도 있단다."

파도에 깎여 둥글게 된 자갈로 이루어진 바닷가

민희의 정리 노트

바위의 풍화

★ 바위가 있는 위치와 기후에 따라 일어나는 풍화 작용이 조금씩 다름.
★ 몹시 춥고 높은 곳에서는 기계적 풍화가 우세함.
★ 낮고 덥고 비가 많이 오는 곳에서는 화학적 풍화가 우세함.

바위가 녹아서 석회 동굴이 된다고요?

💬 "그런데 할아버지, 바위가 물에 녹는다니, 믿기가 어려워요."

💬 "믿기 어렵지만 바위가 물에 녹을뿐더러 바위가 녹은 물에서 침전물이 생기기도 한단다. 우리나라에서도 볼 수 있어."

💬 "우리나라에도 있다고요?"

💬 "아마 이름을 말하면 너도 알 거야. 바위가 녹아 만들어진 곳이지."

💬 "아, 환선굴이요! 작년 여름에 갔었잖아요. 밖은 더운데 엄청 시원해서 나오기 싫었지요."

💬 "그래, 그때 보았던 종유석과 석순, 기억나니?"

💬 "그럼요, 고드름처럼 생긴 것 말이죠?"

💬 "석회 동굴이나 안에 있는 종유석, 석순과 같은 생성물은 처음부터 있던 것이 아니란다. 처음에는 석회암이 깨져서 생긴 틈만 있다가, 이산화 탄소가 녹은 빗물이 그 틈을 타고 흘러 석회암을 녹인 거야."

할아버지는 스마트폰에서 종유석과 석순을 검색해 민희에게 보여 주었어요.

💬 "빗물이 오랜 시간 동안 그 틈으로 흘러가면서 석회암이 녹

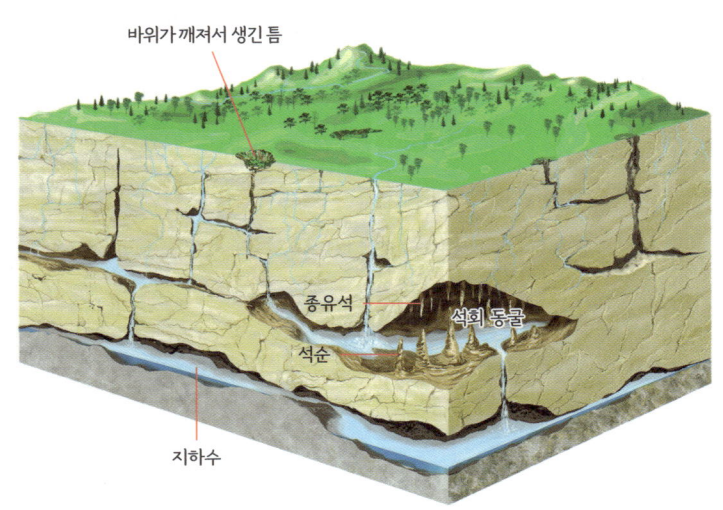

석회암 지형과 석회 동굴

았고, 틈은 점점 넓어졌단다. 시간이 흘러 물에 녹아 있는 이산화 탄소는 날아가고 탄산 칼슘이 가라앉아 종유석과 석순이 만들어진 거야."

💬 "할아버지, 석회 동굴이 여름에는 시원하잖아요. 그럼 겨울엔 어떤가요?"

💬 "좋은 질문이구나. 겨울에 석회 동굴에 들어가면 아주 따뜻하단다. 기온이 15도(℃) 정도로 일정하기 때문이야. 석회 동굴은 지하에 있어서 바깥 기온의 영향을 받지 않고 일 년 내내 같은 온도를 유지할 수 있지. 다만 석회 동굴의 바닥은 아주 미끄러우니 조심해야 한단다."

💬 "맞아요, 정말 미끄러웠어요. 그런데 왜 미끄러운 거예요?"

💬 "석회암에 약간 남아 있던 점토 광물들 때문이야. 점토 광물은 아주 작고 납작하단다. 그 납작한 광물들이 가라앉아서 바닥이 미끄러운 거야. 꼭 조심하렴!"

물과 얼음이 땅을 깎아 골짜기를 만든다고요?

할아버지는 모랫바닥에 크게 브이(V) 자와 유(U) 자를 그린 다음, 이야기를 계속했어요.

💬 "바위가 물에 녹는다는 사실이 신기하지? 그런데 물의 힘은 생각보다 강해서 단단한 땅도 깎는단다."

💬 "에이, 그건 저도 알아요. 물이 흘러서 땅이 깎이면 계곡이 되잖아요."

💬 "잘 알고 있구나. 그러면 얼음도 땅을 깎아 계곡을 만들 수 있다는 것도 알고 있니?"

💬 "얼음이요? 그러니까 물이 얼어서 만들어지는 그 얼음이요?"

민희가 살짝 당황한 표정을 지으며 대답했어요.

💬 "그래. 물과 얼음은 각각 액체와 고체인데, 땅을 깎아 계곡을

바위를 깎아 U자 골짜기를 만들며 흘러내리는 얼음(빙하)

만들 수 있어. 물론 땅을 깎는 방법이 서로 다르고 결과물도 다르지만 말이다."

💬 "무엇이 달라요?"

💬 "액체인 물은 흐르면서 땅바닥을 깎는단다. 물의 흐름만으로도 땅바닥이 깎이지만 물과 함께 흐르는 자갈이나 모래도 바닥을 깎아. 그래서 물이 만든 골짜기는 바닥이 파인 V자를 닮았지."

💬 "그렇다면 얼음은요? 모양이 달라요?"

💬 "얼음은 바닥을 깎지 않고 옆을 깎는단다. 그래서 모양이 U자를 닮았어. 히말라야산맥이나 안데스산맥, 알프스산맥처럼 높은 곳에서 주로 볼 수 있지."

💬 "듣기만 해도 시원한 느낌이에요."

민희의 정리 노트

빙하가 만든 호수, 빙식호

★ 빙식호: 얼음덩어리인 빙하가 땅을 깎아 만든 웅덩이에 물이 고여서 생긴 호수.

★ 미국 오대호: 미국에 있는 5개의 큰 호수는 빙하의 침식으로 만들어진 것으로 저지대에 물이 차서 만들어짐.

> 땅이 얼음으로
> 덮인 적이 있다고요?

갑자기 할아버지가 바닥에 지도를 그렸어요. 그러고는 곧 모래를 모으기 시작했지요.

💬 "할아버지, 뭐 하시는 거예요?"

💬 "민희야! 방금 할아버지가 그린 게 땅이고, 모래를 아주 차갑고 단단하고 시원한 것이라고 한다면 이 모래는 과연 무엇일까? 조금 전에 잠깐 얘기하기도 했어."

💬 "음, 차갑고 단단하고 시원한 것이라면……, 혹시 얼음이요?"

💬 "맞아, 과거에는 땅이 얼음으로 덮여 있었단다. 그 사실을 어떻게 알았을까?"

💬 "글쎄요, 과학자들이 연구해서? 그런데 얼음이면 다 녹았을 것 같은데요."

할아버지는 수북이 쌓인 모래를 손으로 쓱 옮기며 이야기를 이어 갔어요.

💬 "오래전 알프스산맥에서 영양을 잡던 사냥꾼이 가장 먼저 떠올렸다고 해. 사냥꾼이 영양을 사냥하기 위해 산꼭대기나 들판을 열심히 돌아다녔는데, 상식으로는 도저히 있을 수 없는 자리

에 큰 바위들이 있다는 것을 깨달았어. 바위뿐 아니고 자갈과 모래도 쌓여 있었지. 마치 하늘에서 뚝 떨어졌거나 아주 힘센 사람이 가져다 놓았던 것처럼 보였단다. 사냥꾼은 이상하다고 생각하면서 동시에 얼음을 떠올렸어. 얼음이 바위나 자갈을 가져다 놓은 다음, 녹아 버리면 그렇게 될 수 있다고 생각했단다."

💬 "얼음이 움직여서 바위나 자갈이 산꼭대기까지 이동했다는 말이군요?"

💬 "그래, 사냥꾼의 생각은 오랜 시간 동안 돌고 돌았단다. 결국 빙하기가 있었다는 사실이 1830년대에 알려졌어. 그러면서 빙하기, 간빙기, 후빙기라는 말도 탄생했지."

💬 "빙하기가 뭔지 저도 알아요. 얼음으로 덮이고 추웠던 때잖아요."

💬 "그래, 그렇다면 간빙기란 무엇일까?"

💬 "빙하기와 빙하기 사이지요. 사이 간(間)을 써서요."

💬 "생각보다 아주 잘 아는구나. 그렇다면 후빙기란 뭘까?"

💬 "앗, 생각 좀 해 볼게요!"

민희는 바닥의 모래를 발로 헤치며 곰곰이 생각했어요.

💬 "혹시 빙하기 끝난 다음 아닐까요? 그것도 한자를 썼을 것 같은데."

💬 "정답! 바로 지금이 후빙기란다. 마지막 빙하기가 지나간 다

음을 말해."

민희는 어깨를 으쓱하며 자신만만한 표정을 지었어요.

💬 "과학자들은 빙하기와 간빙기, 후빙기 연구를 통해 '굴러다니는 바위'에 대한 비밀도 풀 수 있었단다."

💬 "굴러다니는 바위요? 혼자서 굴러요?"

💬 "같은 종류나 서로 비슷한 바위끼리 모여 있는 곳에서 혼자 멀리 떨어져 있는 바위를 옛날 사람들은 '굴러다니는 바위'라고 불렀단다. 빙하가 바위를 상당히 먼 곳까지 옮긴 셈이지."

💬 "얼음은 땅도 깎고 돌도 굴리고, 참 바쁘네요."

화석이 지층의 나이를 알려 준다고요?

💬 "누나, 우리 화석 놀이 하자."

준희가 민희에게 졸랐어요. 화석 놀이는 모래 속에 물건을 숨긴 후 찾는 놀이였어요. 민희는 장난감 몇 가지를 모래 속에 잘 숨긴 후 준희를 불렀지요.

💬 "5개의 화석을 찾으면 네 승리야."

그러자 준희가 신이 나서 모래를 헤치며 물건을 찾기 시작했어요. 그 모습을 본 할아버지가 물었어요.

"민희야, 화석이 무엇인지 알지?"

"그럼요, 오래전에 살았던 생물의 뼈나 껍데기, 흔적이나 배설물이잖아요."

민희는 자신만만하게 대답했어요.

"그래. 이 화석이 아주 먼 옛날, 어떤 일이 있었는지 알려 주는 귀한 자료라는 것도 알고 있니?"

"중요하다는 건 알지만, 무얼 알려 주는지는……"

민희는 말끝을 흐리며 할아버지를 쳐다보았어요.

"화석을 연구하면 지층이 만들어진 시대와 그 화석이 살았던 자연환경, 진화 과정과 기후 변화 등 많은 사실을 알 수 있단다."

"거의 역사책이나 다름없는걸요?"

"예를 들어 석회암은 화석이 많이 포함되어 있어. 얕고 따뜻한 바다에서 주로 석회암이 만들어지는데, 그럼 어떤 화석이 만들어지겠니?"

"얕고 따뜻한 바다에서 사는 생물이 화석으로 남겠지요?"

"맞아, 그래서 조개나 산호, 방추충 등이 화석으로 발견된단다."

"방추충이요?"

"작은 럭비공처럼 생긴 동물인데, 크기가 약 0.5~1센티미터 정도야."

💬 "정말 작네요. 안 보일 것 같아요."

💬 "대부분 화석은 살았던 시대가 모두 달라. 그러니 화석을 연구하면 화석이 나온 암석, 곧 바위와 지층 시대를 알 수 있단다."

💬 "그러면 공룡은 어때요?"

💬 "하하, 공룡 화석은 석회암에서는 발견되지 않는단다. 아까 석회암은 어디서 만들어진다고 했지?"

💬 "바다요! 공룡은 땅에서 살았으니 석회암에서는 발견되지 않겠네요."

💬 "그래, 공룡 화석은 주로 강이나 호수에서 만들어지는 역암이나 사암에서 나온단다."

💬 "화석이 돌에서 발견되니까, 결국 화석도 돌이지요?"

💬 "돌이나 바위틈에서 발견돼도 화석이 돌이나 바위는 아니야."

💬 "네? 돌이 아니라고요?"

💬 "그럼! 돌처럼 단단하지만, 돌은 아니란다. 생물의 뼈나 껍데기가 굳은 것이니 돌은 아니지."

💬 "그런 줄 몰랐어요. 그냥 여기저기 널린 돌이라고 여겼을 것 같아요."

💬 "겉보기에 정말 돌처럼 보이니 헷갈릴 만도 하지. 게다가 지구에 똑같은 화석은 없단다."

💬 "에이, 그럴 리가요. 같은 화석이면 다 같은 것 아니에요?"

💬 "지구상 80억 인구 중에 같은 얼굴이 없는 것처럼, 화석도 같은 화석이 아니란다. 삼엽충 화석이 1만 개가 나와도, 삽엽충도 생물이었으므로 서로 다 달라. 물론 지금은 화석이 되어 증거가 많이 없어져서 그 사실을 분명히 알기는 어려워."

화석이 어떻게 연료가 되나요?

💬 "할아버지, 그런데 화석은 연구할 때 말고는 또 어디에 쓸모가 있나요?"

💬 "이미 너도 쓰고 있단다."

💬 "제가요? 전 사용한 적이 없는데요?"

민희는 눈이 휘둥그레졌어요.

💬 "네가 지금 들고 있는 비닐봉지와 입고 있는 옷, 놀이터 미끄럼틀을 칠한 페인트, 아까 먹고 버린 음료수 페트병까지, 모두 화석 연료로 만든 것이란다."

💬 "화석 연료요?"

💬 "정확히 말하면 화석 연료 중 하나인 석유로 만든 것이지."

민희는 고개를 갸웃거리며 말했어요.

💬 "화석 연료라면 말 그대로 화석처럼 오래된 연료란 거지요?"

💬 "그래, 석탄이나 석유, 천연가스, 셰일 가스처럼 오래전 지구에서 살았던 생물들이 땅속에 쌓이면서 만들어진 연료란다. 탄소와 수소가 결합한 탄화수소가 주성분이지."

💬 "지금 저기 지나가는 자동차도 휘발유를 사용하잖아요. 그것도 화석 연료겠네요?"

💬 "맞단다. 알다시피 휘발유는 석유로 만들어. 석유는 수억 년 전 바다에서 살았던 작은 생물들의 사체가 온도와 압력으로 변화되어 생긴 거야. 물처럼 나오는 검은색 액체를 원유라고 해. 여기서 더 변하면 기체가 되는데, 이를 천연가스라고 한단다. 둘의 성분은 거의 같아."

💬 "석유는 언제 발견되었어요?"

💬 "19세기 중엽, 미국 동부 지방에서 발견되었다고 해. 당시 암염(돌소금)을 파던 광산에서 발견되었는데, 사람들이 처음에는 무엇인지 몰라 '만병통치약'이라 불렀다고 하는구나."

💬 "기름을 약이라고 했다니, 정말 뭔지 몰랐나 봐요."

민희의 정리 노트

석탄과 석유

⭐ 생물이 죽어 땅속 깊이 묻힌 상태로 열과 압력을 받아 만들어진 물질.
⭐ 석탄은 고체, 석유는 액체 상태이며 석탄은 화력 발전소나 공장의 연료, 석유는 운송용 연료 등으로 사용함.
⭐ 석탄을 태우면 발생하는 일산화 탄소는 중독 현상을 일으킴.

단단하게 굳은 바위층에서 연료를 얻는다고요?

물건을 모두 찾은 준희와 함께 집으로 돌아가는 길, 할아버지는 이야기를 이어 갔어요.

💬 "자동차가 발명되고 또 그 수가 늘어나면서 석유가 필요한 사람들이 많아졌단다. 또 제1차 세계대전과 제2차 세계대전이 발발하면서 더 많은 기름이 필요했어. 당시 석유를 수출하던 나라들이 오펙(OPEC, 석유수출국기구)이라는 기구를 만들어 석유 생산량과 가격을 결정했단다."

💬 "그 오펙이라는 기구는 힘이 셌겠네요?"

💬 "그 때문에 석유가 나지 않는 우리 같은 나라들이 고생했지."

💬 "오펙은 아직도 힘이 센가요?"

💬 "여전히 영향력을 발휘하고 있지만, 미국이 셰일 가스 채굴에 성공하면서 전과 같지는 않단다."

💬 "셰일 가스는 또 뭐예요?"

💬 "셰일이라는 바위 속에 들어 있는 가스야. 모래와 진흙이 쌓여 단단하게 굳은 탄화 수소가 셰일층에 매장되어 있지."

💬 "셰일 가스는 어떻게 얻을 수 있어요?"

💬 "처음에 사람들은 셰일 속에 기름이 있다는 건 알았지만, 꺼낼 방법을 알지 못했어. 하지만 미국의 채굴업자 조지 미첼이 '수압 파쇄'라는 방법으로 셰일 가스를 얻었단다."

💬 "수압…… 파쇄요? 물을 사용하는 방법이에요?"

💬 "맞아. 화학 첨가물과 고운 모래를 섞은 물을 강한 압력으로 쏴서 셰일층을 깨뜨리고 기름이나 가스를 뽑아내는 방법이야. 덕분에 미국은 석유를 수입하지 않고 수출하는 나라가 되었지."

💬 "우리나라에는 셰일 가스가 안 나오나요?"

💬 "강원도에 조금 있긴 한데 셰일 가스를 얻을 정도는 아니야."

💬 "그럼 다른 나라는요?"

💬 "중국에도 셰일 가스가 있어. 문제는 아주 먼 사막에 있다는 거야. 말했듯이 셰일 가스를 얻으려면 물이 많이 필요한데, 그만

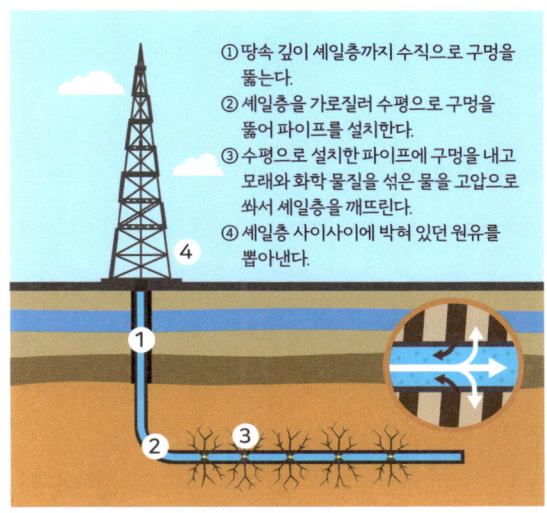

수압 파쇄 과정

큼의 물을 공급하기란 쉽지 않단다."

"중국 입장에서는 정말 아쉽겠어요."

할아버지의 편지

석유의 미래

민희에게

만일 석유가 한 방울도 나지 않는다면 어떨까? 아마 석유가 없는 세상은 제대로 굴러가지 않을 거야. 자동차도 비행기도, 기차도 전부 석유를 연료로 움직이고, 석유로 만든 제품도 많으니까 말이다. 하지만 연료로써 수요는 점점 줄어들 거야. 바로 전기 때문이지.

물론 전기를 생산하는 데 석유나 천연가스가 사용되겠지만, 그 양은 계속 줄어들 거야. 알다시피 석유를 사용하면 부산물로 이산화 탄소가 발생하는데, 이 때문에 기후가 변하고 지구 온난화 현상이 발생해. 그래서 앞으로는 환경을 보호하기 위해서라도 전기 비행기 같은 새로운 교통수단이 탄생할 거야. 그날까지 우리도 최선을 다해 환경을 보호해야겠지?

할아버지가

전기를 만드는 방법이 다양하다고요?

할아버지와 함께 엘리베이터를 기다리는데 갑자기 전등이 깜빡거렸어요. 그 모습을 본 민희가 할아버지에게 물었지요.

💬 "할아버지, 화석 연료로 전기도 만들 수 있어요?"

💬 "그럼. 화석 연료를 이용한 화력 발전소에서 전기를 만들지."

💬 "아하, 발전소를 깜빡했네요."

💬 "또 어떤 방법이 있을까?"

💬 "수력 발전이랑 풍력 발전이요. 학교에서 배웠어요."

💬 "그렇지. 추가하자면 조력 발전과 지열 발전, 태양광 발전과 원자력 발전이 있단다."

💬 "조력 발전이 뭐예요?"

💬 "조력 발전이란 밀물 때 물을 가두어 두었다가 썰물 때 흘려 보내면서 발전하는 방식이란다. 그러므로 밀물과 썰물 때의 수위 차, 바로 조차가 큰 곳이 유리해. 프랑스에 세계 최초의 조력 발전 소가 있고, 경기도 시화방조제에는 세계 최대 규모인 시화호 조력 발전소가 있단다."

집으로 올라가며 할아버지는 이야기를 계속했어요.

💬 "태양광 발전은 말 그대로 태양의 힘을 이용하는 발전이란다. 날씨가 좋고 태양이 잘 비치고 새가 없는 곳이 좋지. 적도 지역 사막 같은 곳처럼 말이다."

💬 "새요? 새가 어때서요?"

민희가 의아한 듯 물었어요.

💬 "태양광 발전 패널에 새의 배설물이 떨어지면 발전 효율이 떨어지거든."

💬 "앗, 그러면 새똥이 떨어질 때마다 닦거나 바꿔야겠네요?"

💬 "그렇지, 그래서 바닷가에는 잘 세우지 않는단다."

💬 "하긴 치우는 것만 해도 엄청날 것 같아요."

옷과 신발, 걸레, 휴지도 방사성 폐기물이라고요?

💬 "그런데 할아버지, 원자력 발전도 전기를 만들잖아요."

💬 "그렇지. 민희는 원자력 발전을 얼마나 알고 있니?"

💬 "원자핵이 분열할 때 생기는 열에너지로 전기를 만든다고 배웠어요."

💬 "맞단다. 매장량이 정해져 있는 화석 에너지와 달리 적은 양으로도 많은 에너지를 생산할 수 있어. 게다가 이산화 탄소를 거의 배출하지 않아서 세계 곳곳에서 원자력 발전소가 세워지고 있단다."

💬 "그런데 폐기물 처리가 힘들다고 하던데요?"

💬 "이런 폐기물(잔류물)에서도 방사능이 뿜어져 나오기 때문에 문제가 된단다. 또 원자력 발전소에서 일하는 사람들이 입었던 옷이나 신발, 걸레, 휴지에서도 방사능이 나와."

💬 "휴지까지도요? 그러면 아무 데나 버리면 안 되겠네요."

💬 "그럼. 방사성 물질은 자연적으로 분해되는 데 수십만 년 또는 수백만 년이 걸리기 때문에 안전하게 처리해야만 한단다. 보통은 국가마다 폐기물을 밀봉해서 땅속 깊이 매장하는 방식을 택하

는데, 이들이 자연 분해 될 때까지 땅속에서 안전하게 남아 있으리라는 보장이 없어 논란이 일고 있지."

💬 "할아버지, 안전하게 관리하지 못했을 때는 어떻게 돼요?"

💬 "만약 사람이나 생물이 방사성 물질에서 나오는 방사능에 노출되면 여러 가지 부작용이 일어날 수 있단다."

💬 "어떤 부작용인데요?"

민희가 떨리는 목소리로 물었어요.

💬 "방사성 물질이 몸속의 특정 부위에 쌓이면 화상, 피부염, 통증, 암, 백혈병, 정신 장애, 탈모 등 다양한 질환을 일으킨다고 해. 이러한 질환은 장기적으로 서서히 나타나는데, 유전되어 다음 세대에 영향을 끼칠 수 있다는구나."

💬 "정말 안전하게 처리하는 게 무엇보다 중요하겠군요."

💬 "그렇지, 우리 민희가 잘 이해했구나."

우리나라 원자력 발전 기술이 최고라고요?

💬 "그런데 할아버지, 우리나라 원자력 발전 기술이 세계 어느 나라보다 앞서 있다면서요?"

1983년에 준공한 월성 원자력 발전소(경상북도 경주시)

💬 "맞아, 미국이 원전 종주국이라고는 하지만 현재 기술로는 우리나라가 최고 수준이야."

💬 "정말요?"

💬 "그럼. 2019년에는 한국형 원전이 세계 최초로 미국의 설계 인증을 받기도 했어. 게다가 큰 원자로가 아닌 소형 모듈 원자로 개발에서도 선진국과 어깨를 나란히 하고 있단다."

💬 "그럼 우리나라는 언제부터 원자력 발전을 시작한 거예요?"

💬 "1950년대부터란다. 이후로 쭉 기술 개발에 온 힘을 기울였지. 원자로를 설계, 제작하고 발전소를 세워 운영하며 관리하는 기술이 세계 최고가 되었단다. 게다가 우리나라는 원자력 발전소 설립 경험이 많아서 선진국들이 함께 협력하자는 요청도 많이 받고 있어."

💬 "와, 원자력은 위험하고 좀 무섭다고만 생각했는데, 듣고 보니 정말 대단하네요."

미래를 책임질 발전 방법이 있다고요?

잠자리에 들기 전, 민희는 걱정스러운 표정으로 말했어요.

💬 "할아버지, 그런데 원자력 발전소에서 사고가 나기도 했잖아요. 또 그렇게 되면 어떻게 해요?"

💬 "다들 위험하다고 말하지만, 사실 관리만 제대로 한다면 안전한 방법이란다. 몇 번의 크고 작은 사고들이 있긴 했지만, 전 세계에 가동되는 발전기 중에서 아주 큰 대형 사고로 분류되는 것은 세 건이란다. 스리마일, 체르노빌, 후쿠시마 사고에 대해서 들어 봤지?"

💬 "네, 아주 큰 사고였다고 들었어요."

💬 "그래, 그중 스리마일은 인명 피해가 없었고 비교적 빨리 사고 원인을 찾아 해결했단다. 체르노빌은 발전소를 너무 엉터리로 짓는 바람에 사고가 났지."

💬 "후쿠시마는 지진 때문이잖아요."

💬 "맞아. 지진으로 인한 쓰나미 때문에 전원이 중단되면서 원자로를 식혀 주는 냉각 장치가 고장 났던 것이란다."

민희는 작게 고개를 끄덕였어요.

💬 "더 좋은 방법은 없어요? 원자력 발전은 사고가 발생하면 너무 위험하고 또 폐기물(잔류물) 처리도 힘들잖아요."

💬 "아직 기술 개발 중이긴 하지만, 핵융합 발전과 우주 기반 태양광 발전이라는 두 가지 방법이 있지."

💬 "핵융합이요? 융합이라는 말은 합친다는 뜻인데."

💬 "원자력 발전은 핵을 분열시켜 에너지를 얻지만, 핵융합 발전은 반대로 가벼운 몇 개의 핵을 핵반응으로 결합해 에너지를 생산한단다. 우주에서 가장 많이 존재하는 수소를 연료로 사용하지. 다만 핵융합 반응이 일어나게 하려면 1억도 이상의 높은 열과

미국의 우주정거장 스카이랩_태양열로 만든 전기를 쓴다.

복잡한 장치가 필요하기 때문에 아직은 이용하기 어려워."

💬 "우주 기반 태양광 발전은요? 우주에서 발전하는 건가요?"

💬 "위성을 우주로 보내 전기를 만든 다음, 다시 지구로 보내는 방법이야. 우주정거장이 현재 이 방식으로 만든 전기를 쓰고 있지. 문제는 전기를 만드는 방법이 아니라 지구로 보내는 방법이란다. 현재 미국과 이스라엘과 중국, 우리나라 등이 기술을 개발하고 있어."

💬 "우주에서 전기를 만들어 온다니, 생각만 해도 대단해요."

💬 "핵융합과 우주 기반 태양광 발전이라는 기술을 실제로 쓸 수 있게 되면 아마 에너지가 부족할 일은 없겠지?"

생태계 평형이 뭐예요?

할아버지 생신을 맞아, 민희는 가족과 함께 중국 음식점에 갔어요.

💬 "이 음식점에는 상어 지느러미 요리가 없구나."

할아버지가 음식점에서 차림표를 훑어보며 중얼거렸어요.

💬 "할아버지, 상어 지느러미를 드시고 싶으세요? 전 탕수육이 좋은데."

💬 "아니, 다행이다 싶어서."

💬 "왜요?"

💬 "상어 지느러미 요리는 말 그대로 상어의 지느러미로 만든 요리야. 그런데 이 요리를 만들기 위해 상어를 잡아 지느러미만 잘라 내고 바다에 버린단다."

💬 "상어는 어떻게 되나요?"

💬 "당연히 지느러미가 잘린 상어는 죽겠지? 이렇게 죽는

불법으로 채취한 상어 지느러미

상어 수가 매년 8000만 마리에서 1억 마리 정도 돼."

💬 "정말 그렇게 많이 죽나요?"

💬 "그렇단다! 자연은 다 자신의 몫이 있어. 상어는 상어대로, 사람은 사람대로 할 일이 있고 일의 정도가 있지. 그런데 사람이 자신의 유익을 위해 상어를 그렇게 많이 잡으면 결국 균형이 깨져. 생태계의 평형이 무너지는 거야."

💬 "생태계 평형이요?"

💬 "모든 생물이 살아가면서 생태계에 생기는 균형을 말한단다. 자연도 그렇지만 모든 것은 균형이 잡혀야만 망가지거나 사라지지 않아. 만약 그 균형이 무너지면 어떻게 되겠니?"

💬 "결국 우리가 피해를 봐요!"

💬 "그래, 평형이 깨지면 그 결과는 고스란히 사람에게 돌아온단다. 미국 하버드 대학교 생물학 교수인 에드워드 윌슨 교수는 이렇게 말했어. '대자연의 균형이 깨지면 결국 인간을 포함한 가장 크고 복잡한 생물이 가장 큰 영향을 받는다'라고 말이야."

💬 "실제로 그런 일이 있어요?"

💬 "과거 중국에서 그런 일이 벌어졌단다. 참새가 쌀알을 쪼아 먹지? 사람들은 참새를 없애면 그 쌀알을 자기들이 먹을 수 있을 거로 생각했어. 그래서 엄청난 수의 참새를 잡아들였지. 그런데 어떤 일이 일어난 줄 아니?"

💬 "글쎄요."

💬 "참새가 사라지자, 참새 먹이였던 메뚜기와 여러 가지 벌레들이 엄청나게 늘어나 농작물을 먹어 치웠어. 결국 몇 년간 흉년이 들었고 약 7000만 명에 이르는 사람들이 굶어 죽었단다."

💬 "그래서 어떻게 했어요, 할아버지?"

민희가 다급하게 물었어요.

💬 "러시아에서 수십만 마리의 참새를 들여와 풀어놓았다고 해. 이렇게 생태계의 평형을 인간의 힘으로 무너뜨리면 엄청난 결과가 돌아온다는 걸 잘 알겠지?"

유전자를 조작한 식품이 있다고요?

식사를 마치자, 후식으로 두유가 나왔어요. 두유를 마시던 민희는 무심코 성분표를 보았지요. 성분표에는 '유전자 재조합 콩을 사용하지 않았습니다'라는 문구가 있었어요.

💬 "할아버지, 유전자 재조합 콩이 뭐예요?"

💬 "말 그대로 유전자를 조작한 콩이야. 유전자를 바꾼 식품을 유전자 재조합 식품이라고 불러. 콩이나 옥수수, 토마토가 대표적

이지."

💬 "그냥 먹으면 안 되나요? 왜 유전자를 바꿔요?"

💬 "가장 큰 이유는 식량 문제를 해결하기 위해서란다. 유전자를 조작해 가뭄이나 해충에 강한 농산물을 만들면 생산량이 크게 늘겠지?"

💬 "우리나라에도 유전자 재조합 식품이 있어요?"

💬 "그래, 옥수수와 콩이 있는데, 이를 이용해 과자, 음료, 간장, 물엿, 식용유 등을 만들어. 방금 본 것처럼 식품에 유전자를 재조합한 재료를 사용했음을 알리는 표시가 있어."

💬 "이런 식품은 안전한 거예요? 왠지 무서운데."

💬 "사실 유전자를 조합하면서 어떤 물질이 만들어지는지 다 알 수는 없단다. 그래서 유전자 재조합 식품을 내놓기 전에 동물 실험을 통해 안전성을 꼼꼼하게 따지고 있어."

💬 "결국 식품을 사 먹는 우리의 몫이네요."

💬 "그래도 유전자 재조합 식품이 나쁜 것만은 아니야. 기후 변화에 따른 식량 위기에 대처할 수 있는 기술이거든."

💬 "기후가 바뀐다고 식량 위기가 와요?"

💬 "기후가 바뀌면 가뭄이나 홍수가 더 자주 일어나거나 기온이 높아져. 지구 온난화처럼 말이야. 기후가 바뀌기 전에는 잘 자라던 작물도 갑작스러운 변화로 인해 생산량이 떨어지기도 해."

💬 "그래서 유전자를 조합하는 거예요?"

💬 "새로운 환경에 잘 적응하고, 건강하게 자라는 작물을 만드는 데 유전자를 변형하는 기술을 사용하는 거라고나 할까."

💬 "어떻게 보면 좋은 것 같기도 하고, 나쁜 것 같기도 하고. 판단하기가 참 어렵네요."

휠체어가 점점 사라질 거라고요?

식사를 마치고 나오는 길에 민희는 식당 입구에 휠체어 경사로가 있는 것을 보았어요.

💬 "할아버지, 이 식당은 몸이 불편한 사람들도 쉽게 오갈 수 있겠어요."

💬 "정말 그렇구나. 하루빨리 휠체어가 없는 세상이 와야 할 텐데 말이다."

💬 "네? 그게 무슨 말씀이에요? 휠체어가 없으면 못 걷는 사람들은 어떻게 하라고요."

민희가 의아하다는 듯 말했어요.

💬 "좋은 의미에서란다. 앞으로는 사고나 장애로 인해 팔이나

다리, 손 등을 잃은 사람들이 전자 팔이나 전자 다리를 사용할 수 있게 될 거야."

💬 "어떻게 전자 팔이나 다리가 움직이는데요?"

💬 "다친 부분의 근육이 움직일 때, 그 움직임을 인공지능 센서가 감지해 전기 신호로 바꾼단다. 예를 들어 센서와 컴퓨터가 들어 있는 특수한 옷을 입으면 사람의 말이나 움직임을 센서가 감지해 컴퓨터에 알려 주고, 컴퓨터가 옷에 붙은 부속품을 움직여 걷게 하는 거야. 지금은 그 정도지만 앞으로는 보통 사람처럼 걷고 계단도 올라갈 수 있겠지?"

💬 "몸이 불편한 사람들에게는 꼭 필요한 기술이네요."

💬 "곧 온도를 감지하는 인공 피부도 나올 거야.

'전자 팔 소녀' 영국의 틸리 로키(2016년)_
전자 팔은 작은 물건을 집거나 비디오 게임 등을 할 수 있을 정도로 정교하다.

지금까지 개발된 인공 피부는 더위나 추위를 느끼지 못했어. 하지만 새로 개발하는 인공 피부는 피부 아래에 숨겨 놓은 작은 온도 센서가 온도를 감지한단다. 그 온도를 전기 신호로 바꾸어 뇌로 보내면 날이 덥거나 추운 것을 알 수 있지."

모든 종류의 세포로 발전할 수 있는 만능 세포가 있다고요?

💬 "할아버지, 만일 팔이나 다리 말고, 몸 안에 있는 장기가 다치면요? 그것도 고칠 수 있어요?"

💬 "가능하단다. 예를 들어 신장이나 간이 나쁘다면 인공 장기로 대체할 수 있어."

💬 "어떻게요?"

💬 "줄기세포를 이용하는 거지."

💬 "줄기세포요? 나무줄기 같은 건가요?"

💬 "줄기세포란 아직 덜 발달한 세포로 몸의 중요한 기관이나 부분으로 발전할 수 있는 세포를 말한단다. 다시 말해 아직은 어떤 특별한 부분이 되지 않았지만, 시간이 가면서 간이나 핏줄이나 척수가 될 수 있는 세포야."

💬 "뭐든지 될 수 있다니, 만능 세포네요?"

💬 "하하, 그렇게도 부를 수 있겠구나. 최근에는 미니 장기로도 불리는 오르가노이드를 만들었어."

💬 "오르가……? 이름이 어려워요."

💬 "오르가노이드! 줄기세포에서 만들어진 인공 장기라고 할 수

있어. 겉모습과 구조, 기능이 실제 장기와 같아서 질병을 치료하거나 약을 개발하는 데 활용되지. 간이나 심장, 신장까지 다양한 오르가노이드가 개발되고 있는데 그만큼 과학이 발달한 거야!"

💬 "정말 대단해요."

프린터기로 손과 발을 만든다고요?

💬 "오르가노이드는 줄기세포 말고 프린터로도 만들 수 있단다."
💬 "프린터요? 아빠 방에 있는 그 프린터 말씀이세요?"
💬 "그래, 기본적인 원리는 같아. 보통의 프린터는 파일을 보내면 그림이나 글자 같은 평면의 2D 이미지로 인쇄하지? 3D 프린터는 입력한 도면을 이용해 원하는 물건을 입체로 만드는 프린터야. 예를 들면, 자동차 부품의 설계도를 보고 그대로 입체로 만드는 거지."
💬 "오르가노이드도 3D 프린터로 만드는 건가요?"
💬 "그래, 정확히는 의료용 3D 프린터로 만든단다. 예를 들어, 치아나 무릎이 좋지 않은 사람을 위해서 치아나 관절 도면을 이용해 인공 치아와 인공 무릎 관절을 만들 수 있어. 또 틀니나 보

청기, 의수나 의족도 만들 수 있지."

💬 "와, 신기해요. 그러면 어떤 재료로 만들어요? 플라스틱 같은 재료를 쓰나요?"

💬 "인공적으로 만든 치아나 뼈가 사람의 몸에서 나쁜 반응을 일으키면 어떻게 되겠니? 아주 위험하겠지? 그래서 나쁜 반응을 일으키지 않고 오래 사용할 수 있는 재료를 쓰는데, 그중 하나가 티타늄이야. 가볍고 녹도 생기지 않거든."

💬 "앞으로 더 좋은 재료가 나오겠지요?"

💬 "물론이지! 사람들이 끊임없이 연구하고 또 연구해서 그만큼 더 발전할 테니까 좋은 재료가 나올 거야!"

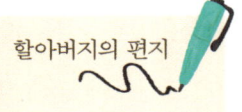
할아버지의 편지

인공지능 로봇과 일자리

민희에게

사람의 수명이 늘고 현대 사회가 발달하면서 사람이 할 일을 점점 로봇이 대신할 때가 많아졌단다. 예를 들어 자동차 공장은 대부분 과정을 로봇이 대신하고 있지. 사람을 도와주는 로봇에는 여러 가지가 있는데, 특히 인공지능을 갖춘 로봇들은 실력이 대단하단다. 알다시피 인공지능은 로봇이 스스로 생각하고 판단하는 능력을 컴퓨터로 실현한 기술이야. 인공지능은 생활에 필요한 행동을 기록하고 모은 엄청난 양의 데이터(빅데이터)를 바탕으로 우리에게 필요한 것들을 제공하지.

앞으로 인공지능을 갖춘 로봇이 더 많은 일들을 하게 될 거야. UN 미래 보고서에 따르면 현재 일자리의 80퍼센트가 가까운 미래에는 사라질 거라고 해. 농부나 건설 노동자, 자동차 정비사 같은 직업이 없어지는 거지. 그러니 우리도 미리미리 로봇과 공존하며 살기 위한 방법을 마련해야 하겠지?

할아버지가

인터넷으로 모든 사물을 연결한다고요?

집으로 돌아온 할아버지는 곧장 컴퓨터 앞에 앉았어요.
- "할아버지, 뭐 하세요?"
- "민희야, 사물인터넷이라는 말을 들어 본 적이 있니?"
- "아니요, 처음 들어 봐요. 새로운 통신사인가요?"
- "사물인터넷이란 우리가 사용하는 사물들이 인터넷을 기반으로 서로 연결되어 정보를 주고받는 기술이란다. 눈에 보이는 것

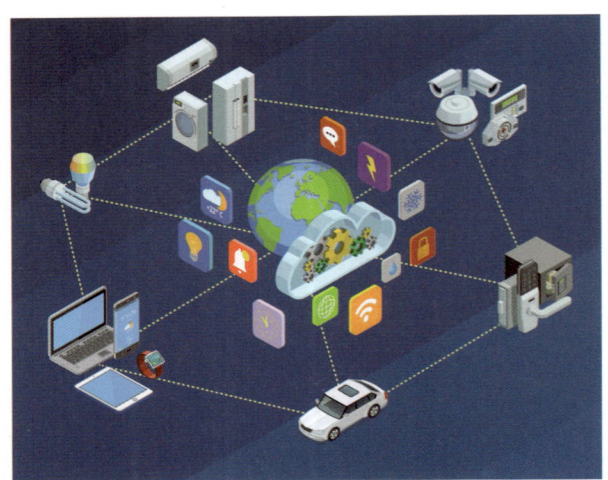

사물인터넷_ 인터넷으로 사물을 연결해 실시간으로 정보를 주고받을 수 있다.

을 넘어 보이지 않는 것도 연결한 인터넷이지. 우리 집만 해도 집에 들어오면 스마트폰으로 에어컨이나 조명을 켤 수 있지? 그게 바로 사물인터넷이란다."

💬 "맞아요. 조금 전에도 에어컨 온도를 미리 맞춰 두고 작동하도록 설정했잖아요."

💬 "그래, 사물인터넷 기술은 데이터를 공유하기 때문에 우리가 필요로 할 때 우리에게 딱 맞는 기능을 제공해. 지금 내 손목에 있는 스마트워치도 사물인터넷의 한 종류란다. 실시간으로 내 정보를 분석하고 데이터를 저장해 나한테 맞는 정보를 제공해 주지."

💬 "또 다른 것은요?"

💬 "학교 갈 때 타는 버스에도 사물인터넷이 있어. 버스가 언제 도착하는지 알려 주는 정보 역시 사물인터넷이야. 결국 사물인터넷은 인터넷과 빅데이터, 컴퓨터와 인공지능이 모두 결합한 최신 과학 기술이라 할 수 있어."

눈에 보이지 않는 기술이 산업 혁명을 이끈다고요?

💬 "가까운 미래에는 나노 기술이 4차 산업 혁명을 이끌 거야."

💬 "나노 기술이 뭐예요?

💬 "나노미터 크기의 물질을 다루는 기술인데, 1나노미터는 10억분의 1미터에 해당한단다. 1나노미터가 10억 개 있어야 겨우 1미터가 되는 거지. 머리카락 굵기로 따지면 약 10만분의 1 정도야. 얼마나 작은지 알겠니?"

💬 "엄청 가늘어서 상상도 안 가는걸요."

민희가 머리카락을 만지며 말했어요.

💬 "그런데 왜 하필 나노로 만들어요?"

💬 "나노 크기까지 물질을 쪼개면 완전히 다른 성질을 갖기 때

문이란다. 흑연과 다이아몬드는 똑같은 탄소지만 원자 배열이 서로 달라. 하지만 흑연을 나노 단위로 쪼개서 탄소의 배열을 바꾸면 다이아몬드를 만들 수도 있어."

💬 "연필심이 다이아몬드가 될 리 없잖아요."

💬 "나노 기술이란 가늘고 작은 물건을 관찰하고 만들고 연결하는 기술이라 할 수 있어. 나노 기술이 발전하면 아주 작은 물질을 조절할 수 있게 돼. 기존의 연구 결과들을 결합해 새로운 기술을 만들 수도 있지."

💬 "그런데 할아버지, 아까 4차 산업 혁명이라고 하셨잖아요. 4차라면 네 번째란 의미인데."

💬 "옳지. 말 그대로 4차 산업 혁명은 각각 1차, 2차, 3차 산업 혁명 뒤에 올 새로운 시대를 말한단다. 정보 통신 기술이 합쳐져 경제와 사회 모든 영역에 영향을 미치는 시대지. 인공지능과 로봇, 사물인터넷, 가상현실 등이 4차 혁명을 이끌어 가게 될 거야."

💬 "만일 과학이 더 발달하면 5차, 6차 산업 혁명도 오겠네요?"

💬 "언제가 될지는 모르겠지만, 과학이 옳은 방향으로 발전한다면 그렇게 되겠지?"

기술을 사용하는 사람이 중요하다고요?

💬 "민희야, 과연 컴퓨터는 거짓말을 할 수 있을까, 아니면 할 수 없을까?"

💬 "에이, 어떻게 기계가 거짓말을 해요. 영화도 아니고."

💬 "그래, 현대 사회는 컴퓨터 없이는 돌아가지 않을 정도로 컴퓨터에 많이 의지하고 있단다. 컴퓨터는 사람이 명령하는 대로 충실하게 움직이지. 네 말대로 거짓말을 하지 않아."

💬 "맞아요, 제가 입력한 대로 나와요."

💬 "만일 컴퓨터에 잘못된 명령을 내리면 어떻게 되겠니?"

💬 "컴퓨터도 이상한 결과를 내겠지요."

💬 "그래, 사람이 정직하게 명령을 내려야 그 결과도 바르게 나올 거야. 하지만 기술이 발달하면서 나쁜 마음을 먹은 사람들이 생겼어. 해킹에 대해 들어 봤지?"

💬 "네, 컴퓨터에 몰래 침입해서 나쁜 짓을 하는 거잖아요."

💬 "최근 인터넷과 다양한 정보 기술이 발달하면서 다른 사람의 컴퓨터에 침입해 중요한 자료나 기술, 개인 정보를 훔쳐 협박하는 범죄가 늘고 있단다."

💬 "학교에서도 항상 조심해야 한다고 배웠어요."

💬 "기술이 우리 생활과 사회 발전을 좌우하는 시대에 살고 있으니 우린 어떻게 해야 할까?"

💬 "더욱 정직하게, 거짓말을 하지 말고 살아야 해요!"

💬 "그래, 커서도 그 말을 꼭 기억하려무나."

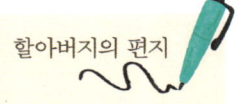
할아버지의 편지

염소젖과 방탄복

민희에게

염소젖에서 거미줄을 얻는다고 하면 믿을 수 있겠니? 거미 유전자를 염소 배아와 합성해서 만든 '거미염소'는 젖에 거미줄 단백질이 들어 있단다. 얼마 전 유전자 재조합 식품 이야기를 하면서 했던 유전자 변형 기술, 기억나니? 바로 거미염소가 유전자 변형 기술을 통해 탄생한 거야.

거미는 서로 잡아먹기 때문에 거미줄을 대량 생산하기는 어려워. 게다가 거미 한두 마리로는 거미줄을 필요한 만큼 얻을 수도 없단다. 그 대신 염소는 태어난 지 6개월 만에 새끼를 낳을 수 있고, 새끼를 낳은 후 5개월 동안 젖을 짤 수 있어. 그러니 거미보다 거미줄 얻기가 더 쉽겠지?

이렇게 얻은 거미줄은 강하고 탄력이 좋아서 튼튼한 군복과 방탄복을 만들 수 있어. 또 열을 받으면 녹는 대신 부스러지지. 그래서 나일론으로 만든 군복과는 다르게 불이 붙어도 피부에 달라붙지 않는단다.

이외에도 붕대나 호신용 거미줄 총, 유리 파손 방지기 등을 만드는 데 거미줄을 사용할 수 있어. 유전자 변형 기술과 같은 생명공학 기술은 4차 산업 혁명의 대표적 기술이란다. 앞으로 또 어떤 기술이 상호작용하고 융합되어 삶을 윤택하게 해 줄지 모르겠지만, 우리에게 유익하고 안전하게 적용할 수 있는 기술이어야겠지?

할아버지가

찾아보기

ㄱ

가항반원(안전반원) 57
간빙기 121
개 106~110
거미염소 154~155
겨울잠 29
경도 36~38
경선 38
계절 44~45
계절풍 67
고양이 112
공전 44~45, 75
관성 97
구로시오 해류 68
구름 53
구심력 98
규조류 74
기압 64
기계적 풍화 114, 115
기조력 75, 76

ㄴ

나노 기술 151, 152
날짜 변경선 40~41
남위 37, 38
남중 46
늑대 106, 107, 108

ㄷ

대류권 59
동경 38, 40
디엔에이(DNA) 110~112

ㅁ

만유인력 51, 52
몽구스 17~19
무역풍 57, 58
밀물 75, 131

ㅂ

방사성 폐기물(잔류물) 132~133
번개 103, 104
베르누이 원리 65, 66
본초 자오선 38, 39~40
북위 37, 38
북적도 해류 68
북태평양 해류 68
블루 라이트 102
비 53
비열 67
빙식호 119
빙하 118
빙하기 121

사리(대조) 76
사물인터넷 149~151
사차 산업 혁명 152
상아 13~14
생태계 평형 141
서경 38, 40
석순 116, 117
석영 114
석유 126, 127, 129~130
석탄 126, 127
석회 동굴 116, 117
석회암 116, 117, 123
섬전암 103, 104
셰일 가스 128, 129
수압 파쇄 128, 129
순상화산 78
스리디(3D) 프린터 147~148
시조새 34
썰물 75, 131

안전반원(가항반원) 57
양력 35, 65~66
엄니 14
여름잠 30
열전도율 93~94
열팽창 95
염기 111
염분 70, 71

오로라 61~63
오르가노이드 146, 147
우박 53
우주 기반 태양광 발전 136, 137
원심력 97, 98
원자력 발전 133~134, 136
월식 79
위도 36~38
위선 37, 38
위험반원 57, 58
유전자 111
유전자 변형 기술 154~155
유전자 재조합 식품 142~143
육식동물 20, 21, 22, 24
이중나선 구조 111
인공지능 148~149
인력 51, 52
일식 79

ㅈ

자오선 38
자전 39, 42, 47, 75
장석 114
적응 87
제트기류 59
조금(소조) 76
조력 발전 131
조석 75
조차 75
종상화산 78
종유석 116, 117

줄기세포 146
지방시 42
지자기 60~61

ㅊ

천연가스 126
체감 온도 90
초식동물 20, 21, 22, 24
충치 82~83

ㅋ-ㅌ

캘리포니아 해류 68
코끼리 12~14
탄산음료 35~36
태양광 발전 131
태양풍 63
태풍 54~58
태풍의 눈 56

ㅍ

페넥여우 15~16
편서풍 57, 58
표준시 43
풍화 114, 115
플라스마 63

ㅎ

해류 68~69
핵융합 발전 136
호랑이 20, 21
화석 122~125
화석 연료 125, 126
화학적 풍화 114, 115
후빙기 121

사진 출처

14쪽 왼쪽, 오른쪽 아래, 18쪽 Shutterstock.com

21쪽 왼쪽 freepik.com 오른쪽 Shutterstock.com

25쪽, 28쪽, 38쪽, 55쪽, 66쪽, 76쪽, 83쪽, 89쪽 Shutterstock.com

100쪽, 104쪽 freepik.com

116쪽, 129쪽 Shutterstock.com

134쪽 commons.wikimedia.org/ IAEA Imagebank (CC BY-SA 2.0)

140쪽 Shutterstock.com

145쪽 commons.wikimedia.org/ Sebastiaan ter Burg (CC BY 2.0)

* 이 책의 도판 가운데 출처를 밝히지 않은 것은
저자가 제공하였거나 자유 이용 저작물(public domain)입니다.

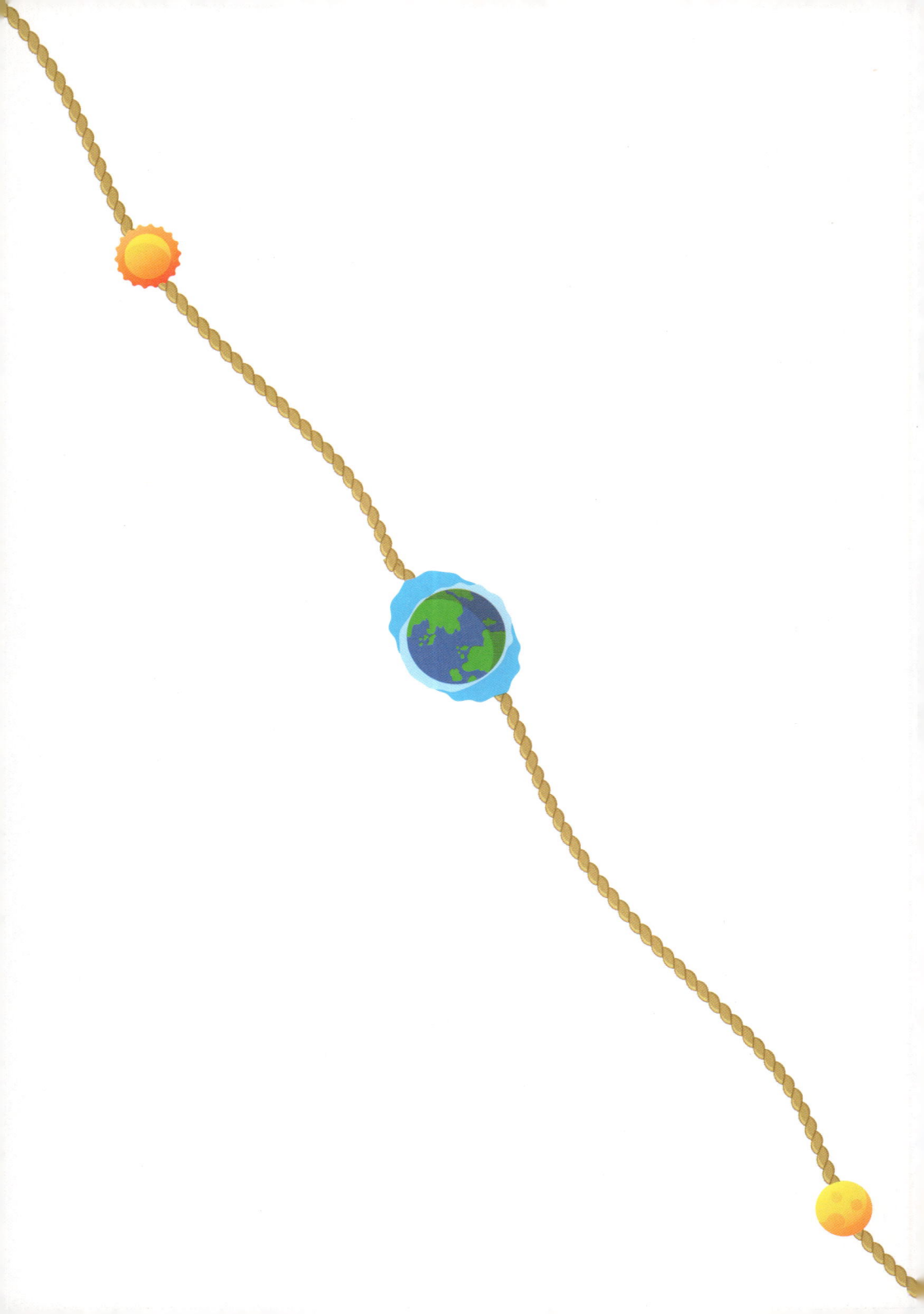